# アーミッシュの老いと終焉

堤 純子

未知谷
Publisher Michitani

アーミッシュの老いと終焉　目次

## 第一章――7

# アーミッシュの老いと終焉

# 第一章

## アーミッシュはどのような人たちか

### アーミッシュは現代の「タイムポケット」の中に？

アメリカ北部、五大湖の南に位置するペンシルバニア、オハイオ、インディアナ、そしてミシガンの各州は、その豊かな水資源を利用した製造業で、アメリカ経済を大きく牽引している。五大湖沿岸の工業地帯は一様に活気があり、アメリカ経済が低調だった時でさえ、もの作りの底力を感じることができる地域だった。それぞれの州都には高層ビルが立ち並び、早朝から深夜まで、まるで映画のコマ送りのように人と車が絶えず流れている。

そのような大都市の中心部から車で三〇分も走ると、車窓に映る景色が次第に変わってくる。

なだらかな緑の草地でゆっくりと草を食む牛や馬。そして、その周辺に広がる広大な畑。食料自給率が100％を超え、カナダ、オーストラリアに次いで、先進国第三位を維持するアメリカの農業は、徹底的に合理化された大規模農法が主体で、その生産高は、およそ一兆七〇〇〇億ドル（二〇一七年）。そう、アメリカは世界有数の農業国でもあるのだ。

広大な畑の一角に建てられた家々をよく見ると、時折、近くの電柱からの引込み線がない家がある。そのような家の入り口や庭先には、自家用車ではなく黒っぽい馬車が停まっており、ひときわ目をひく大きな納屋の奥に、ゆっくりまわる水車や風車が見える。これがアーミッシュの家である。

礼拝に向かうアーミッシュの家族。
礼拝は隔週日曜日に開かれる

アーミッシュは、電気を使わない。畑では蓄電池式のモーターを使った農機具を使うこともあるが、農作業の主要な動力源は馬力である。移動手段は、ほとんどの場合が馬車。車を運転することは、まずない。また、その服装も私たちの目を引く。男性は、つばの広い帽子をかぶり、白いシャツに黒っぽいズボン。女性は濃い紫色や茶色のワンピースに白いエプロンをつけ、結った髪を包み込むように白いレースのキャップをかぶっている。彼らは、ヨーロッパからの入植者数が最盛期を迎えた一八三〇年代そのままの暮らしを、いまなお受け継いでいるのである。

マサチューセッツ州ボストンから、車で西に一時間半。内陸部の小さな町、スターブリッジにオールド・スターブリッジ・ビレッジがある。ここは、一八三〇年代のアメリカ・ニューイングランド地方の街並みと、そこで暮らしていた人々の暮らしを再現した、いわば「生きている博物館」である。庭に鶏とヤギを放し飼いにした簡素な家々や、所せましと野菜が栽培されている小さな畑。そこで、当時の服装そのままの衣装を身につけたキャストたちが、実際に農作業や家事にいそしんでおり、彼らが作る木製の工芸品や野菜の苗、ファッジ（砂糖とミルクで作る、イギリス起源のアメリカのスイーツ。口の中でほろっとくずれる食感が人気）などは、園内のギフトショップで販売されている。また当時、村に一軒はあったという鍛冶屋も再現され、鍛冶職人に扮したキャストが、赤々と燃えさかる火の前で、カンカンという威勢のいい音を響かせながら、コート用フックやロウソク立てなどを作っている。その軽快なリズムをバックに、土を耕すザザッという音や、餌をついばむ鶏のくぐもったような短い鳴き声が聞こえてくる。音や風景、さらには草と土の匂いが一体となって、自給自足で成り立っていた当時の暮らしぶりを、現実感をもって私たちに伝えてくれる。よく見ると、キャストたちの衣装は、色や柄にやや違いがあるものの、今のアーミッシュの服装と非常によく似ている。また現代文明を極力遠ざける、その生活も当時のままである。

一八〇〇年代そのままの服装で、当時の生活を今なお実践しているアーミッシュは、「変わり者の集団」あるいは「社会の化石」と揶揄されることも少なくない。今でこそ珍しがられているが、一九〇〇年代初頭まで、彼らは特に目立つ存在ではなかった。田園地帯に住むプロテスタントの一派に過ぎなかったのである。

なぜアーミッシュは、二〇〇年以上もの間、服装やライフスタイルを変化させていないのだろうか。彼らは、本当に「変わり者の集団」であり、単なる「社会の化石」に過ぎないのだろうか。そこには苦難の歴史に裏打ちされたアーミッシュの信念、そして先見性が息づいているのである。

## アメリカへ　信教の自由を求めて

一七三七年九月十八日。

「陸だ、陸が見えてきたぞ」

マストに上っていた見張り役の水夫の、悲鳴のような大声が甲板に響きわたった。全長わずか二二メートルほどのチャーミング・ナンシー号の甲板。言葉もなく、疲れ切った表情で、甲板のあちこちにうずくまっていた人たちが、のろのろと顔を上げた。イングランド南西部、プリマスの港を出航しておよそ七〇日。熾烈を極めた航海の間、そのほとんどが、同行の家族を、そして、子どもたちを亡くしていた。せまい船室には、饐《す》えた匂いが充満し、そのすけた板壁や薄汚れた敷き藁《わら》から、病人のうめき声と子どもの弱々しい泣き声が立ちのぼっていた。それに耐えられなくなった人たちは、そっと船室を出た。そして、ある者は定まらない視点で海に目をやり、ある者はじっと目を閉じて、祈りを捧げていた。

「フィラデルフィアだ。もうすぐ着くぞ！」

もう一度響いたその声が、甲板にいた乗客たちの眼に光を灯した。ぎしぎしと不気味な音を立てる朽木のような階段をのぼって、ひとり、またひとりと、船室の乗客たちも甲板に姿を現した。皆、一様に痩せこけ、疲れ果ててはいたが、その表情には安堵の色が浮かんでいた。

チャーミング・ナンシー号。アーミッシュのメイフラワー号と呼ばれるこの船は、ヨーロッパの宗教弾圧を逃れ、信教の自由を求めて新天地アメリカに移住する人々の希望を乗せ、イングランド、プリマスの港を出発した。この船に乗っていた二一家族が、初めてアメリカの地を踏んだアーミッシュだと言われている。

そこからさかのぼること、およそ二〇〇年。強大な権力を誇っていた当時のローマカトリック教会は、教会での聖餐によってのみ救済がもたらされると説き、政治と癒着して教会への絶対的な服従を強要していた。さらに罪の償いのための贖宥状《しょくゆうじょう》が販売され、教会活動のために多額の献金が要求されるようになると、庶民の不満は一気に大きくなった。

それに後押しされるように、ドイツではマルティン・ルターが、スイスではウルリッヒ・ツヴィンクリとジャン・カルヴァンが、ローマカトリック教会に反旗を翻した。彼らは、神による救済は個人の信仰によってのみもたらされるものであり、聖書を尊重し、聖書に則った生き方こそが、神の御心にかなうと説き、人々の心をつかんだ。これはやがて大きなうねりとなり、ヨーロッパには宗教改革の嵐が吹き荒れた。

彼らはプロテスタント、つまりローマカトリック教会に抗議する（protest）者たちと呼ばれ、ローマカトリック教会のみならず、ローマカトリック教会と密接な関係にあった、時の政府による迫害の対象となった。プロテスタント諸宗の中でも、特に厳しい迫害を受けたのが、再洗礼派である。彼らは、ローマカトリック教会が慣習として課していた幼児洗礼を、「幼児はキリストに従うことの意味がまだわからないので無意味だ」と否定し、「成人洗礼こそが真の洗礼であり、成人洗礼を受けて初めて、真のキリスト者になる」と説いた。さらに教会は政治と分離すべきだという主張を掲げ、一五二五年、有志がスイス兄弟団を立ち上げた。神の救いを盾にしたローマカトリック教会と、それを支持する国家権力による精神的、経済的束縛にあえいでいた人々は、再洗礼派の思想に大いに共感し、スイス兄弟団に傾倒した。そして、その信奉者は加速度的に増えていった。

当初、ローマカトリック教会と政府は、スイス兄弟団などとるに足らない異端者にすぎぬと歯牙にもかけていなかったが、急速に広まるその思想に危機感を抱き、彼らへの締めつけを強めていった。締めつけが迫害になり、迫害が弾圧になった。弾圧は暴力を生み、暴力はさらなる暴力を生んだ。再洗礼派の人々は処刑され、再洗礼派と疑われた人々は、激しい拷問にさらされた。生き残った人たちは何とか逃げ延びようと、スイスやドイツの山中に逃れたが、教会と国家権力はその手を緩めることはなく、彼らは苦難のどん底であえいでいた。

16 世紀、再洗礼派の人たちは激しい弾圧を受けた

処刑直前、息子との最後の面会を許された殉教者ヘンリー・ダークス（1568 年）

スイス、トラセルヴァルドに残る牢獄の独房内部。一日中激しい拷問を受け、夜は鎖につながれて穴から首だけを出した状態で過ごした。

他の主教たちの立会いのもと、激しい議論を戦わせるヤコブ・アマン（右端）と穏健派の主教（中央・横向き）

このような状況に対して、再洗礼派の指導者たちは、武力で応戦する立場をとった。信徒たちは自ら武器を取り、時には傭兵を雇って、国家権力相手に、血で血を洗う戦いを繰り広げた。その戦禍の中、元カトリックの司祭で、再洗礼派に転向したメノ・サイモンズ（一四九六～一五六一）は、抵抗することなく捕らえられ十字架に架けられたイエスの行動と、「敵を愛せ」というその教えを根拠に非暴力を主張した。彼はやがて指導部と対立するに至ったが、多くの再洗礼派の人たちが彼に同調した。その結果、サイモンズが再洗礼派の指導的役割を担うことになり、再洗礼派は彼の名前をとって、メノナイトと名乗るようになった。

繰り返される弾圧、拷問、そして処刑。そのさなかでさえ、非暴力の立場を貫いたサイモンズは、教義に違反しても改めない者への処遇もまた、寛容だった。これに対して、メノナイトの主教の一人、ヤコブ・アマン（一六五六～一七三〇?）は、「わずかの古いパン種がパンの出来を損なうように、兄弟たちの中で不品行な者と関わってはいけない」と説くコリント人への第一の手紙5章6節を根拠に、違反者への厳しい対応を求めた。メノナイトのリーダーであるサイモンズと一主教アマンとのこの意見の対立は、メノナイト全体を震撼させ、何人かの主教たちの仲介によって両者は話し合いを重ねた。しかし一六九三年、アマンはついにメノナイトと袂を分かち、ごく少数の同調者とともにアーミッシュを設立したのである。

一六〇〇年代も終わりに近づいたころ、ひとつのニュースがヨーロッパを駆け巡った。一六八一年、イギリス人のウィリアム・ペンが、信教の自由を実現するために、新大陸アメリカにペンシルバニア（ペンの森の国という意味）を樹立したというのである。このニュースは、息をひそめるように暮らしていたアーミッシュとメノナイトら、再洗礼派の人々の耳にも入った。

ウィリアムの父は、イングランドの著名な軍人で、イングランド国教会の有力者でもあった。厳格な父から逃れるように、彼は、当時異端として厳しく弾圧されていたクエーカーに同調し、何度も逮捕されていた。一方、ウィリアムの父に借金があった当時の国王、チャールズ二世は、アメリカ、ニュージャージーの広大な土地の権利を保障することで、その弁済に充てることを決めた。しかし、それは表向きの理由で、チャールズ二世とウィリアムの父は、繰り返し逮捕、収監されても信念を曲げなかった彼をもてあまし、体よく国外に追い払う密約を交わしていたと言われている。いずれにせよ、その土地は、ウィリアムに譲り渡され、彼は、「兄弟愛」を意味するフィラデルフィアを中心に、信教の自由と公正な裁判という理想を実現する「国」を創り上げたのである。

信教の自由が保証されている国。しかも広大で、大きな可能性を秘めている土地。このニュースは、苛烈極まる弾圧にさらされ、特に厳しい暮らしを強いられていたアーミッシュの心に、小さな希望の光を灯した。しかし、ヨーロッパからアメリカへの二ヶ月余にわたる船旅の過酷な実態、そして当時のイギリス通貨でおよそ一〇ポンドという高額な船賃がかかることを伝え聞いて、アメリカへの移住をためらう者も少なくなかった。そのような中、二一家族が先陣を切って、ロッテンダムの港からフィラデルフィアに向かうチャーミング・ナンシー号に乗り込んだのである。

再洗礼派、メノナイトの男女。
1800年代初頭、スイスバーゼルにて

チャーミング・ナンシー号は、総トン数一一五トン。現在、東京と伊豆諸島を往復する東海汽船のさるびあ丸が、総トン数、約五〇〇〇トンであることを考えると、その四〇分の一程度の帆船で大西洋をわたるのだから、揺れの激しさは想像に難くない。しかも、船内は非常に混み合っていたらしい。今の基準によると、一一五トンの船の定員は一四〇人ほどだが、当時の定員は一八〇人。しかし乗船名簿によると、チャーミング・ナンシー号には、乗員乗客あわせて約二七〇名が乗船していたのである。

もちろんアーミッシュとメノナイトだけでなく、信教の自由を求める他のプロテスタントの人たちや、新天地アメリカでひと旗あげようという野心を持った人たち、さらにはなんらかの事情でヨーロッパを離れようとする人たちも乗り合わせていた。

ここに、プロテスタントの一派に属していたと思われる司教ハンス・ヤコブ・カウフマンが、スイスのカレンダーの裏に書き残した記録がある。これは聖書の間にはさまれており、彼の死後、発見されたという。その一部を引用しよう。

「六月二十八日、ロッテンダム出港の準備が整うまでの間に、私のツェーンブリ（筆者註　家族の一人と思われる）死亡。遺体をロッテンダムの地に埋葬した。

六月二十九日、出港。いい風に恵まれたのは、その後の一日半のみ。

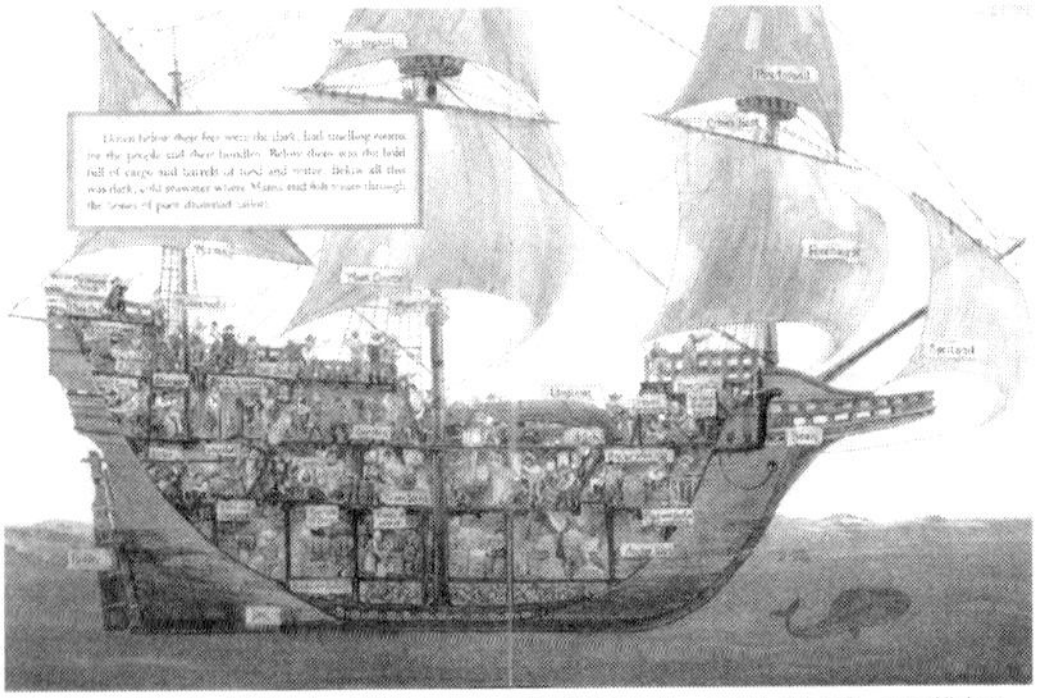

移住者を乗せた船（断面図）。船底には水と食糧が蓄えられ、その上のスペースは船室と家畜小屋になっている

七月七日、ハンス・ツィマーマンの義理の息子死亡。

七月八日、イングランド、プリマスの港に到着。九日間停泊したが（筆者註　新たに乗客を乗せたほか、物資の積み込み作業を行った）その間に子どもが五人死亡。

七月十七日、イングランド、プリマス港を出航。

七月二十一日、うちのリズベトリ死亡。

七月二十八日、ミシェイルの家族、ゲオルグリ死亡。

……………」


このように、船の中で亡くなった人たちの名前が、延々と書き連ねられている。その多くは子どもだったが、ロッテンダム港に向かう旅の途中で命を落とした子どもたちも少なからずいた。陸路を移動している間であれば埋葬することもできるが、船の中で亡くなると、衛生面への配慮から即座に水葬に付される。司教であったハンスは、海の藻くずと散った彼らを弔う意味も込めて、その名前を書き残していたと思われる。

アーミッシュとメノナイトを乗せた船。海賊の襲撃を怖れ、北海を通る航路をとったので、航海はとても厳しかった

やがて、約二ヶ月に及んだ航海も終盤を迎える。

「九月十三日から風に恵まれ、船はぐん

ぐん進んだ。

九月十八日、フィラデルフィアの港に到着。

九月十九日　妻とともに下船。

九月二十日、妻が出産。子どもは無事生まれたものの、すぐに死亡。しばらくして妻は回復した」

そして、ハンスの記録は、「八三日間の航海だった。」というひとことで締めくくられている。多くの希望とともに出港したチャーミング・ナンシー号は、多くの悲しみも積み込んで、フィラデルフィアの港に横づけされた。アメリカの地を踏んだ人々の胸には、哀しみと喜び、そして強い決意が去来していたに違いない。

## 新天地アメリカで根を張る入植者たち

一六九三年、ヤコブ・アマンがごく少数の同調者とともに旗揚げしたアーミッシュ。成人洗礼と国家との分離を標榜し、イエスの教えを日常生活に取り入れて、聖書に忠実に生きることを旨とするアマンの主張は、多くの支持者を生んだ。それは、彼のカリスマ性に拠るところが大きいと考える研究者もいるが、ローマカトリック教会の横暴と国家権力による弾圧によって心身ともに疲弊していた人々が、癒しと救いを求めて、聖書、そしてイエスの言葉にすがろうとしたことは想像に難くない。

チャーミング・ナンシー号でアメリカにやってきた二一家族を皮切りに、一七〇〇年代の終わりまでに約五〇〇人のアーミッシュが、さらには一八〇〇年代には、およそ三〇〇〇人のアーミッシュがアメリカに渡った。彼らを乗せた最後の船が、フィラデルフィアの港に横づけされたのが一九三七年。ヨーロッパを戦場とした第一次世界大戦は終結したものの、依然くすぶり続ける争いの火種が、新たな火を吹く直前である。彼らは、第一次世界大戦による国土の荒廃に暮らしを奪われ、疲弊し、穏やかな生活を願ってアメリカの地に渡ろうとしたのだろう。特に、非暴力と平和主義を旨とするアーミッシュにとって、再び戦争の舞台になりかねないヨーロッパの情勢は、大きな脅威だったに違いない。

初期の頃、フィラデルフィアの港に着いた移民たちは、長い航海の疲れを癒す暇も惜しんで、先に移住していた友人、知人を頼って陸路を移動した。広大な土地は、その一部が開拓され、故郷ヨーロッパの煉瓦造りの建物に似せて作られた住居が、点在して、集落を成していた。しかしその集落を一歩出ると、あたりはただ見渡す限り荒地が広がるばかりであった。彼らは野生動物の脅威にさらされ、時には先住民の奇襲におののきながら移動を続け、たどり着いた先住者の家を拠点にして、アメリカでの生活の基盤を築いていった。

ペンシルバニア州在住のナフツィンガー家には、一八二七年九月、ドイツ、バイエルン地方から移住した祖先の記録が残されている。司祭だったピーター・ナフツィンガーと妻のジャコビナ、そして七人の子どもたちは、同年七月、アメリカに向かうヘンリー・クレイ号に乗船した。北海回りの航海の厳しさを覚悟してはいたものの、途中、ピーターと娘のメアリーが命を落とし、一家は深い悲しみの沼に投げ出された。狭い船室に、「缶詰のニシンのような」状態で詰め込まれたジャコビナほか六人は、悲しみを紛らわせることもできないまま、互いに慰め合い、祈りながら、残りの日々をやり過ごした。

ようやくフィラデルフィアの港に降り立った六人は、その足でチェスター・バレー（今のペンシルバニア州チェスター郡）にあるクリスチャン・ズーグ家に向かった。そして、ズーグ家が提供してくれた食品貯蔵小屋の二階でわずかの荷を解き、アメリカでの生活をスタートさせた。その年の冬をズーグ家の小屋で過ごした一家は、暖かくなるのを待ちかねてラ

1810年、アーミッシュのクリスチャン・フィッシャーが建てた家

表1　合計特殊出生率の推移（欧米と日本）

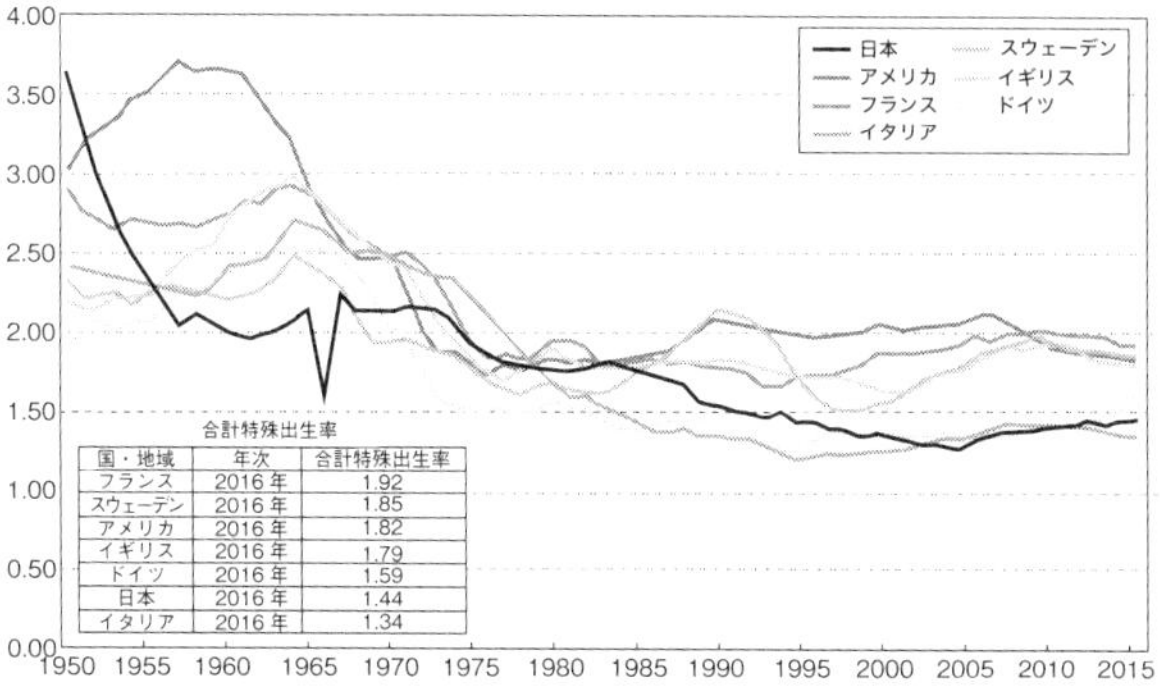

凡例：日本、スウェーデン、アメリカ、イギリス、フランス、ドイツ、イタリア

| 国・地域 | 年次 | 合計特殊出生率 |
|---|---|---|
| フランス | 2016 年 | 1.92 |
| スウェーデン | 2016 年 | 1.85 |
| アメリカ | 2016 年 | 1.82 |
| イギリス | 2016 年 | 1.79 |
| ドイツ | 2016 年 | 1.59 |
| 日本 | 2016 年 | 1.44 |
| イタリア | 2016 年 | 1.34 |

ンカスター郡、グロフデイルに移動した。そこで土地を手に入れ、それを開拓しながら、自らの力と周囲の人々との協力を糧に土地とファミリー・ツリーを広げていったのである。

## アメリカに根づき、枝を広げるアーミッシュ

### 二〇年で倍増するアーミッシュ人口と若者の自己決定権

世界人口推計二〇一九年版によると、現在七七億人にのぼる世界の人口は、二〇五〇年の九七億人をピークに減少に転じると予測されている。サハラ以南のアフリカでは、今後も人口の増加が見込まれているが、それ以外の地域ではすでに人口の減少が始まっているという。実際に、二〇一〇年以降、世界の二七の国と地域で、毎年人口が1%以上ずつ減少しており、二〇一九年から二〇五〇年の間には、そのような国と地域が五五に及ぶとみられている。さらに、そのうち二六の国と地域では、今後の人口減少率が10%以上にのぼるとみら

れている。

　人口減少の最大の原因として挙げられるのは、出生率の著しい低下である。表1からわかるように、欧米、そして日本の出生率は、一九六〇年代まで二・〇以上の水準だったが、その後、軒並み低下している。一九九〇年ごろから、やや回復傾向にあるものの、二〇一五年の時点で、各国とも二・〇を切っている。また、表2から、アジア地域でも出生率が著しく低下していることがわかる。

　その背景として、まず女性の社会進出が進みつつあることが挙げられる。かつて女性たちは、能力や意欲があっても、それを活かす場が限られていたが、社会のさまざまな場面で女性の活躍が期待されるようになった。それに伴って女性の晩婚化が進み、家族や出産についての価値観が変化した。また、教育費を含めた子どもの養育費を考えて、出産をためらうカップルも少なくない。

　一方、二〇世紀初めに五千人ほどであったアーミッシュの人口は、右肩上がりに増え続け、一九六〇年には約四万人、

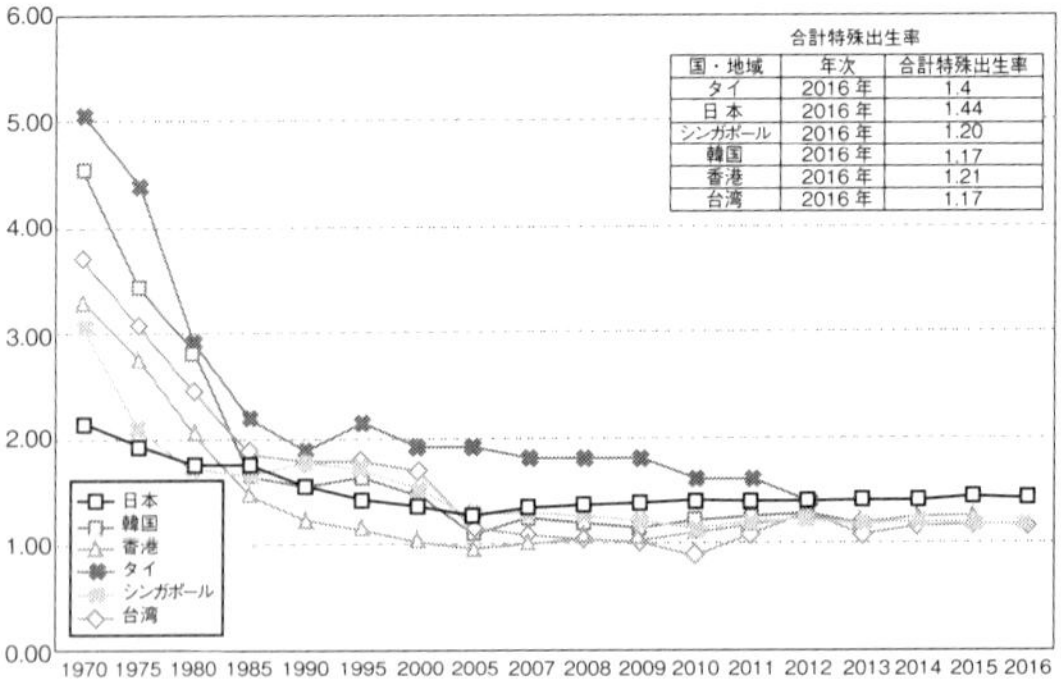


**表2**　合計特殊出生率の推移（アジア諸国）

表1、2ともに各国統計は United Nations "Demographic Yearbook", WHO "World Health Statistics"
日本は厚生労働省「人口動態統計」を基に内閣府作成

二〇〇〇年に一六万五千人、そして、二〇一八年には三三万五千人に達している。つまり、二〇年ごとに倍増し続けているのである。ある年配のアーミッシュの女性は、「ジョークだけどね」と前置きして、こう言う。

「このままアーミッシュの人口が増え続ければ、アメリカの人口の半分がアーミッシュという時代がくるかもしれないわ。そんな時代が来れば、今よりずっと平和になるんじゃないかしら」

休み時間が終わり、教室に戻る子どもたち。アーミッシュスクールは原則として一教室制。1年生から8年生が同じ教室で学ぶ

　アーミッシュ人口が増え続けている要因として、まず出生率の高さが挙げられる。しかしいかに出生率が高くても、子どもたちが洗礼を受けてアーミッシュにならなければ、アーミッシュ人口は増えない。アーミッシュの若者たちの九割近くが洗礼を受けてアーミッシュになり、そのほとんどがアーミッシュとして生涯を過ごす。日常生活に多くの制限があるにもかかわらず、規律が緩やかなメノナイトに転向する人が少ないのである。なぜこのように多くの若者がアーミッシュとして生きる道を選び、しかも定着率が高いのだろうか。

　それはアーミッシュの学校教育への考え方によるとこ

ろが大きい。アーミッシュは八年生で学校教育を終えたあと、高等学校等の上級学校に進学することが禁じられている。これは聖書の『コリント人への第一の手紙』8章1節の「知識は人を誇らせ、愛は人の徳を高める」という記述に基づいて彼らが高等教育によって得られる知識は人を高慢にするものであり、神によって与えられる知恵と神への愛、隣人への愛こそが、生きるうえで真に必要なものであると考えているからである。

パウロによるこの手紙の8章2節には「もし人が、自分は何かを知っていると思うなら、その人は知らなければならないほどのことすらまだ知らない」と記されている。つまり、自分には知識も判断力もあると思っている人は、神によって与えられる知恵と恵みを受け入れる謙虚さを失ってしまうというのである。そして、聖書は「高ぶりは破滅に先立ち、心の高慢は倒れにさきだつ」(箴言16章18節)と傲慢さを戒め、「若い人たちよ、長老たちに従いなさい。皆互いに、謙遜を身につけなさい。神は高ぶるものを退け、へりくだる者に恵みを賜るからだ」(ペテロへの第一の手紙5章5節)と説いて、謙虚な生き方とお年寄りの知恵に耳を傾けることの大切さを強調する。

このようにアーミッシュは、過剰な知識を身につけるのではなく、神の意志と知恵、つまり自然の摂理を受け入れ、経験に裏打ちされたお年寄りの知恵に依ることが望ましい生き方だと考えているのである。しかし彼らは決して、学校教育を否定しているわけではない。むしろ、現代アメリカでの日々の暮らしを円滑に、しかも豊かに送るためには言語、算数、地理、美術等々を学ぶことが不可欠であると考え、学校教育を重視している。そして学校に通う子どもたちを「学者（scholars）」と呼んで尊重し、教区全体でアーミッシュスクールの運営に力を尽くしている。

学校を終えた若者は、進学しないからといってすぐに洗礼を受けて正式にアーミッシュになるわけではない。アーミッシュ社会には、一種のモラトリアム期間であるラムシュプリンゲという猶予期間が設けられており、若者たちをアーミッシュの制約から解き放つ。ラムシュプリンゲの間、彼らは家族の一員として割り振られた家の仕事は必ず行わなくてはいけないが、それ以外は自由である。洗礼を受けるか否か迷いながら、若者たちは外の世界でさまざまな経験をし、最終的な決定を下す。ラムシュプリンゲは、その期間が定められているわけではない。アーミッシュとして洗礼を受けるか、洗礼を受けずアーミッシュから離れるか、それぞれ心を固めた時が、ラムシュプリンゲの終わりなのである。

ラムシュプリンゲの期間、若者たちの多くはアーミッシュの服を脱ぎ捨て、世間一般の若者と同じ、時には彼らよりも最新の流行を取り入れた服を身につける。酒、タバコに親しみ、運転免許を取得し、格安の車を手に入れて乗り回し、ダンスパーティーやライブハウスに頻繁に出入りする。時には麻薬に手を出したかどで逮捕され、地元紙の一面を賑わす者もいる。そのたびに、「あのアーミッシュの子どもが」という驚きの声と、「アーミッシュは子どもの教育も満足にできないのか」という非難の声が渦巻くが、親たちは、法に触れる行為をしたことに対して叱責こそすれ、「早く洗礼を受けて落ち着きなさい」と口にすることはない。さまざまな経験の中で、若者たちは自分と向き合い、アーミッシュ内外の世界を冷静に見つめて、洗礼を受けるか否かを自ら決めるのである。最近、洗礼を受けてアーミッシュになったばかりのある若者は言う。

「最初は、びくびくしながら外の世界に近づいていったよ。両親や祖父母たちとしか街に行ったことがなかったし、アーミッシュの服装で街に出ると、歩いている人たちにじろじろ見られることが多かったから、最初はまわりをずいぶん気にしたものだった。なにせ友だちと、しかもジーンズとTシャツというでたちで乗り込むんだからね。でも誰も僕らのことなんか気にも留めやしない。そりゃそうさ、どこから見てもアーミッシュには見えないんだから。そう思うと、急に大胆になった。酒は飲むし、たばこも吸う。夜はクラブで踊ったり、安バーで一晩中飲み明かしたりね」

――親は何も言わなかったの？

「ラムシュプリンゲの間は、家の近くに部屋を借りて暮らしていた。小さな部屋を友だちとシェアしていたんだ。親に言われたからだけど、そういう家庭は多いよ。小さな弟や妹たちに、よくない影響を与えるからね。それでも朝夕の牛の世話はしなくてはいけないから、朝、酒が抜けないまま、まだ暗いうちにそっと家に入ると、台所で朝ごはんの支度をしていた母が、哀しい目で僕の顔をじっと見つめるんだ。でも平気だった。外の世界が新鮮で、楽しくてしかたなかったからね。その頃は、洗礼なんか絶対に受けないぞ、アーミッシュとして生きるなんてまっぴらだ、と思っていたものだった」

——なぜ洗礼を受けてアーミッシュになったの?

「街の暮らしは刺激的だし楽しいけど、ふとした拍子に息苦しくなって、気分が滅入るんだ。なぜかわからなかったけど、ある時、空気が足りなくて口をパクパクさせている自分に気づいたんだ」

——どういうこと?

「マクドナルドでアルバイトを始めたんだ。慣れない仕事は、最初大変だったけど、ひと月もすると楽しくなった。次々に注文をさばいたり、キッチンでパテを焼いたりして、夢中で働いたよ。毎週金曜日に給料をもらうと、映画を観に行ったりクラブで遊んだりしたものさ。でも、何かが違うんだ。何をしても落ち着かない。そんな自分をもてあましながら家に帰った時、気づいた。土の匂い、草や家畜の匂い、どれも僕にとっては『空気』なんだ。街の暮らしは、その『空気』がないから落ち着かないんだってね」

「それだけじゃない。ここはみんながお互いをよく知っているから、畑にいても歩いていても、声をかけたりかけられたり。自分の居場所という気がするんだよ。これも僕にとっての、大事な『空気』なんだ」

——洗礼を受けることを伝えた時、家族はどんな反応だった？

「両親も祖父母も、親戚や近所の人たちも、僕が想像していた以上に、喜んでくれた。みんな、僕がそう言い出すのを待っていることは、なんとなくわかっていたけれどね」

——ラムシュプリンゲについてどう思っている？

「あの時期があったからこそ、アーミッシュとして生きることに迷いがないし、今に満足している。もしまわりから『お前はアーミッシュの子だからアーミッシュにならなくてはいけない』と言われたり、直接言われなくても、無言の強いプレッシャーを受けたりして洗礼を受けたのであれば、ずっと『この生き方でよかったのか。ほかの道があったのではないか』ともやもやした気持ちを抱えながら生きていったかもしれないね」

地域で行われる馬のオークション。アーミッシュが育てた馬は高値がつくことが多い

自分が進む道を自分の意志で決めることによって、責任感が生まれ、それをやり抜く意志が強化される。アーミッシュは、外の世界との交流を一切断ち、アーミッシュだけで肩を寄せ合って暮らしているわけではない。彼らの住居や畑は、非アーミッシュが暮らす地域の中に点在

し、彼らは地域の一員として生活している。そのため、非アーミッシュの隣人たちとの関わりや、仕事、買い物等の日常生活を通して、日々進化する現代文明に接し、さまざまな情報を見聞きする。だからこそ、自分で選択する機会を与えられることで、アーミッシュとして生きる確固たる意志が芽生え、それを保持し続けられることを、彼らは知っているのである。

これは、アメリカの心理学者、エドワード・レシとリチャード・ライアンが提唱する自己決定理論の実証であるといえる。レシらは、「すべての生物には生存のための生理的欲求があるが、人にはそれに加えて、自律性、有能感、社会性という三要素への欲求がある」と考える。そして、「これらが満たされることで、人は努力し、成長する。そしてそれが満足感に満ちた生き方につながる」と主張し、特に自律性の重要性を説く。自律性とは、他から強制されるのではなく、自らの意志によって行動しているという実感を持つことである。レシらは、「自己決定権を持ち、自分の意志に基づいた決定を下し、行動することが、モチベーションを維持し、自ら選択した目標に向かって努力する原動力になる」という。そして、「重要なことは、他者をどのように動機づけるかではなく、どうすれば他者の内発的動機を引き出すかである」と主張する。つまり、人にその行動をとるよう仕向けるのではなく、人がそうしたいと思わせることが大切なのである。

私たちは、意識するしないに拘《かかわ》らず、自分を取り巻く環境の影響を受けながら考え方や思想を形成していく。アーミッシュの若者たちの選択は、物心ついた頃からの環境の影響を受けてはいるが、彼らはラムシュプリンゲの時期を経て、自らの意志でアーミッシュとして生きる決心をする。このことが、アーミッシュとしての責任ある行動につながり、自分の生き方への満足感につながっているのである。

# 堅固な信念を持ち、柔軟に生きるアーミッシュ

## アーミッシュの日常を支える信念　ＪＯＹ

一五〇〇年代後半以降、ヨーロッパで厳しい迫害を受け続けたアーミッシュ。彼らにとって、その苦難の歴史は単なる過去の出来事ではない。先人たちがたどった苦難を語り継ぐことで、今の生活が彼らの受難を礎にして成り立っていること、そして国家権力や世俗と一線を画して生きることの大切さを、次の世代に伝え続けているのである。

ここで大きな役割を担っているのが『殉教者の鏡（Martyr's Mirror）』という一冊である。大判で、約千ページから成るこの書物は、再洗礼派の先人たちが書き残した記録と、仲間や家族にあてた手紙で構成されている。彼らはその宗教的信念から、激しい拷問にさらされ、死刑に処せられた。ある者は、長い拷問の末に瀕死の状態で独房に収監され、震える手で自分の身に起

きたことを書き残した。またある者は処刑を翌日に控えて、家族や仲間たちに、感謝と神の祝福を祈る言葉を書き遺した。さらにこの書物には、過酷な迫害の場面を描いた細密画も多数掲載されている。再洗礼派の先人たちが、想像を絶する拷問を受けて苦しむ姿や、火刑台で炎に包まれ、苦痛に顔をゆがませながら祈りを捧げているようすなどの思わず目を背けたくなるようなリアルな絵は、何度見ても見慣れることはない。

この『殉教者の鏡』は、どの家にも一冊は常備されており、アーミッシュは、折に触れてひもとき、幼い子どもたちにも読んで聞かせる。子どもたちが繰り返し聞く話のひとつに、ディルク・ウィレムスの逸話がある。再洗礼派だったウィレムスは、捕らえられて森の奥深くにある牢獄に収監され、連日、激しい拷問にさらされていた。ある厳冬の日、看守の隙をついて牢を脱出したウィレムスは、もう少しで逃げ切ることができるというところで、追っ手の看守が、誤って凍てついた湖に落ち、助けを求めていることに気づく。彼はあわてて引き返し、その看守を助け上げるが、続けて追ってきた他の看守たちに捕らえられ、看守の命を救ったことを情状酌量されることなく死刑に処せられてしまう。彼は、看守の命を救うことができたことに感謝し、その機会を与

氷の割れ目に落ちた追っ手に救いの手をさしのべるディルク・ウィレムス（1569 年）

えてくれた神に感謝しながら死んでいったという。

子どもたちは、幾度となくこの話を聞きながら、家庭で、そして学校で繰り返し教えられるＪＯＹ（Jesus first, Others next, You last, JOY：イエスが最初、他の人がその次、あなたは最後、それが喜び）を先人たちも実践していたことを知る。そして、たとえ敵であっても、自らを犠牲にして他者のために生きることの大切さを心にしみこませるのである。

また、アーミッシュは聖書の記述に忠実な生き方、つまり、イエスの教えを取り入れた生活を旨としている。特にマタイによる福音書とルカによる福音書に記されている、イエスの山上の教えが、彼らの大きな拠りどころである。隣人を愛し、敵を愛し、自分を犠牲にしても他者に奉仕し、「地上でのつながり」、つまり仲間との絆を大切にする。そして争いと暴力を否定し、謙遜に生き、平和を求める。このイエスの教えを日常生活の中で実践することこそが、アーミッシュの生き方なのである。

### 「もの」に縛られないアーミッシュの生き方

アーミッシュの暮らしは、電気を使った便利な発明品や車の使用制限、服装の規定などによって特徴づけられる。しかし、「聖書には、車の運転をするな、電気を使うなとは書かれていないし、一八〇〇年代そのままの服装をすべしとも書かれていない」と不思議に思う向きも多いだろう。確かに、聖書にそのような記述はない。しかし、「殉教者の鏡」を通して、アーミッシュは知っているのである。人はひとたび大きな権力や富を持てば、傲慢になりやすく、人の欲には際限がないことを。

　科学技術の発達が生み出す便利な発明品と、次々に登場する流行の品々が私たちの所有欲をかき立てる。しかし、私たちはひとつを手に入れることでつかの間の満足感を得ても、さらに「便利でいいもの」あるいはもっと多くのものがほしくなり、手に入れることができないと不満のとりこになる。つまり、人間の所有欲はとどまるところを知らず、持つ者と持たざる者を生む。そこに悪しき自尊心や傲慢さ、そして妬みが生まれ、それが仲間との絆だけでなく、家族の絆をも危ういものにするとアーミッシュは考えている。しかし、人は弱いものなので、自制してはいても、欲にかられて所有欲を満たし、自分を喜ばせたくならないとも限らない。だからこそ一般社会と一線を画し、世俗に染まることなく、イエスの教えに沿って生きるために、便利な発明品の利用を規制しているのである。

アーミッシュ仕様の自転車。足で蹴って進む

アーミッシュの日常生活のきまりをオルドヌングというが、それは明文化されたものではない。このことは、オルドヌングがある程度柔軟なものであることを示唆している。兵役に就くことや離婚、送電線からの電気の引き込みなど、議論の余地なく禁じられている事柄がある一方で、服の色とスタイルは暗色でシンプルなものという大枠が決められているだけである。また携帯電話やパソコンの使用、プロパンガスを使った家電製品の使用など、教区内の話し合いによって、使用の可否や使い方の委細が決められる事柄も多い。新しい「もの」が登場し、メンバーからそれを使いたい旨が提案されると、隔週日曜日に行われる礼拝の後のミーティングで、全員が納得する形に落ち着くまで話し合いが行われる。家族とコミュニティーの絆を大切にするという共通のベースに基づき、新しい「もの」が家族の時間を妨げないか、コミュニティーの分断につながらないか、アーミッシュの将来にどのような影響を与えるか、という視点で使用の可否が吟味される。ここでもメンバー一人ひとりが自己決定権を有し、他のメンバーの状況と権利に配慮しつつ、自分の立場や意見を表明して理解を求める。そして、時には押したり引いたりしながら話し合いを重ね、条件付きでの使用も含めて、全員が納得したうえで結論が出される。アーミッシュは全体の調和を重視するが、同時に「個」も重視する。一部が決めたことを教区全体に押しつけるのではなく、それぞれが意見を出し合い、全員でそれを吟味したうえで結論を出すからこそ、一度決まれば皆が守り抜くのである。

## 世の中の変化に合わせて擬態するアーミッシュ

私たちが「アーミッシュ」と呼ぶ人たちの中には、実はいくつかの宗派がある。いずれもオールド・オーダー・アーミッシュ（Old Order Amish）を母体としており、最新のテクノロジーとどのように関わるか、オルドヌングを守らない人をどう処遇するかの二点で意見の相違があり、議論を重ねた末に袂を分かつに至ったのである。現在、ビーチー・アーミッシュ（Beachy Amish）、アンディー・ウィーバー・アーミッシュ（Andy Weaver Amish）、ニュー・オーダー・アーミッシュ（New Order Amish）など一一の宗派があり、服装などの外見ではまったく見分けがつかないものの、馬車の形と幌の色で区別することができる。

一一宗派のうち最も保守的な一派、シュワルツェントゥルーバー・アーミッシュ（Swartzentruber Amish）だけは、非アーミッシュとの関わりを断ち、テクノロジーの利用を厳しく制限して、人里離れた場所に作った集落でひっそりと暮らしている。他の宗派の人たちが、非アーミッシュの隣人たちとも親しく交わり、「車を所有、運転してはいけないが、非アーミッシュが運転する車に乗ることはできる」「畑に堆肥や農薬を撒く際、非アーミッシュが運転する散布車を利用してもよい」「電動の器械を使ってはいけないが、圧搾空気、水圧、油圧で動く器械を導入してもよい」等々テクノロジーとの妥協点を打ち出している中で、シュワルツェントゥルーバー・アーミッシュだけは、それを頑なに拒んでいる。そのため事業の収益性が低く、多くが低収入に甘んじ、貧しい暮らしを余儀なくされている。しかしシュワルツェントゥルーバー・アーミッシュもそれ以外のアーミッシュも、基本理念は同じだが、答えの出し方が違っているだけなのである。他の一〇宗派のアーミッシュもそのことがよくわかっているので、農作物や工芸品の売買を積極的に行ったり、農業資材を融通したりして支援を行っている。

話がそれたが、シュワルツェントゥルーバー・アーミッシュ以外のアーミッシュは、限られた条件の中で作業効率を上げ、よりよく働く方法を模索している。彼らは、古いものにしがみついているわけではなく、アーミッシュとしての生き方を最優先に、現代社会、そしてテクノロジーと折り合いをつけながら日々の暮らしを営んでいるだけなのである。彼らはテレビを

アーミッシュの馬車は宗派によって形や幌の色が異なる。幌の使用を禁じている宗派もある

見ないし、ラジオも聴かないが、新聞を丹念に読む。また非アーミッシュの友人たちの話を聞いたり、実際に最新のテクノロジーを目のあたりにしたりして情報を収集し、必要性の有無を判断したうえで、礼拝後のミーティングで提議するのである。

最近よく取り上げられるのが、携帯電話とパソコンの使用である。ペンシルバニア州ランカスターに住むクリス・ストルツフスは七十五歳。妻のケイティーとともに長年、養鶏農家を営んできた。その傍ら、五、六年ほど前から、自宅に隣接する空き家を旅行者に貸して、副収入を得ている。

「息子の家族が、暮らしていたんだがね、子どもが増えて手狭になったんだよ。おまけに土地の値段が上がって、税金も高くなった。この農場からの収入では、私らも含めて、家族九人が暮らしていくことができなくなったんだよ」

大規模な農場では、畑に堆肥や水を撒く時、非アーミッシュの業者に依頼する

クリスは小さくため息をついた。

「ランカスターでも、ここは、バード・イン・ハンドやインターコースといった中心部に近いから地価が高いんだが、北部のレバノンやバークスに近い所はかなり安い。バークス郡にほど近いアダムスタウンに手ごろな農場が見つかったから、息子たちはそれを買って、引っ越したんだ。もう七年にもなるね」

温和な表情が翳った。少し寂しそうだ。

「そりゃそうさ。私たちの家とは、一階のアコーディオンカーテンでつながっているんだ。いつも孫たちが、このカーテンを開けてやってきたものだったよ。見てわかるようにちょっと重いから、小さな孫は、『おじいちゃん、開けてよ』と大声を出したものさ。ケイティーや息子の妻が、親戚や友人たちとキルト作りをする時には、カーテンを外して、テーブルをくっつけてね。そりゃあ、にぎやかだった」

そこで彼は、ひと呼吸おいた。

「今は、ここに泊まる旅行者と行き来することが楽しみなんだ。カーテン越しに『クリス、ちょっといいかい?』という声がかかることもあるし、私から声をかけることもある。アメリカだけでなく、ヨーロッパやアジアからも泊まり客が来るんだ。いろいろな人たちから、いろいろな話が聞けるというのはいいものだね。もちろん、長年付き合っている仲間たちとの付き合いもいいものさ。でもそれが食べ慣れたケイティの料理なら、旅行者との付き合いはスパイシーで、パンチが効いたエスニック料理だね。年寄りには、それが活力剤さ」

その時、クリスのポケットから携帯電話の着信音が聞こえた。

「ちょっと失礼」

と私に断って、クリスは電話で話し始めた。どうやら誰かが訪ねてくるらしい。

「銀行の担当者が、頼んだ書類を持ってくるそうだ。すぐ終わるから、ちょっと待っていてくれるかい」

オールド・オーダー・アーミッシュのクリスと携帯電話。その組み合わせをふしぎに思った私に、彼はこう説明してくれた。

「ここランカスターでは、農業以外の仕事に就くアーミッシュが増えているんだ。私のように家や部屋を旅行者に貸したり、ギフトショップなどを経営したりね。ただし、どれも小規模なものだがね。なぜビジネスを始めるかって？　土地の値段が上がって、税金が高くなったんだよ。農業だけでは、とても暮らしていけない。副業のつもりで始めたビジネスが、本業になった例もたくさんある」

「大きなレストランや大型のホテルは、『アーミッシュ』を前面に出しているけれど、どれも非アーミッシュが経営している。ほら、あのディズニーランドをミッキーマウスが経営していないのと同じことさ」

クリスは、いたずらっぽく笑った。

卵はベルトコンベアで選別場に運ばれる

ストルツフス夫妻が営む養鶏場の内部

「アーミッシュのビジネス自体は小規模だ。でも規模は小さくても、ビジネスはビジネス。連絡をとる時に、携帯電話は必要になる。そこで携帯電話の使用を認めてほしいと提案したんだ。もちろん反対意見もあった。携帯電話の使用を認めてしまうと、家族の時間が電話で邪魔されてしまうし、外の世界と必要以上につながるおそれがあるからね。何度も話し合いを重ねた末に、条件付きで携帯電話の使用が認められることになった。つまり、仕事上の、しかも必要最小限の利用に限ること、ホームページやブログなどを閲覧したり、検索したりしないことという条件付きでね」

「もっとも」

とクリスは言い足した。

「ブログというのは、誰かの日記のようなものだろう？　そんなものに興味はないし、どこか遠い町の店やレストランのホームページを開くほど、暇じゃないよ」

ちなみにストルツフス夫妻は、単独で民泊の業務をこなしているわけではなく、「アーミッシュ・ファーム・ステイ」という民泊の業務を代行する組合に加盟している。この組合は事務局に非アーミッシュを雇い、彼らにホームページからのウェブ予約やクレジットカードによる決済などの業務を任せている。食事なしの素泊まりが基本だが、簡単な朝食を提供する宿もあるという。

「子どもがいる家は、朝食を出すことが多いね。でもうちだけでなく、余った部屋を貸す家は、年寄りだけで暮らしていることが多いからね。それはちょっと荷が重い。うちの場合、家を丸ごと貸すわけだから、キッチンが付いているし、フライパンも食器も置いてあるから、その必要はないはずだよ。馬車で七、八分行けばマーケットがあるから、食材が買えるし、卵はうちの鶏の生みたてを使えばいい。もちろんただでね」

携帯電話だけでなく、パソコンの使用も話し合いの俎上に載せられるテーマである。オハイオ州ミラーズバーグでアーミッシュ家具の製造販売を手がけるマイロン・ミラーズ。生まれも育ちもミラーズバーグだという彼は、アーミッシュの家庭で育った。農夫として働く父の背中を見て育ち、当然のことながら自分も農業に就くと思っていたが、土地の高騰によって農地を手に入れることができない。困った末に思いついたのが、家具作りだった。

男女を問わず、アーミッシュには器用な人が多い。そのうえ仕事が非常に丁寧であり、極上の木を使っているにもかかわらず、価格は良心的である。そんなアーミッシュ家具は人気が高く、ものによっては、注文から完成まで一年以上待たなくてはいけないこともあるほどだ。

家具作りを始めた当初、マイロンは作った家具を地元の販売店に卸していたが、やがてその腕を見込まれて、名指しで注文がくるようになった。ひとりで作るだけでは需要に追いつかなくなったので、職人を雇い、会社組織にした。現在は作った家具を直接販売しているほか、販路を拡大していくつもの販売店に卸している。その丁寧で誠実な仕事ぶりのおかげで客が客を呼び、彼の会社は右肩上がりに成長しているという。

「農業に従事してはいないが、私はアーミッシュであり、アーミッシュであることが、私の基本だ。神が示して下さった道を、神の計画通りにただ歩んでいるだけだよ」

マイロンの事務所にはパソコンが置かれているし、プロパンガスで動くエアコンも設置されている。マイロンは言う。

「このパソコンは、アーミッシュ用に改良されたものだよ。しかし自宅では使わない。事務所で使うだけさ。それが教区のきまりなんだが、もし自宅で使ってもいいということになっても、私は使わないだろうね。家にあれば、注文が入ったり、取引先から連絡が来たりすると、つい応じてしまう。それがなくても、仕事を前倒ししておこうと思うかもしれないしね。家族と過ごす時間に、夫であり、父親である私が、ひとりパソコンに向かっているなんて考えられないよ」

私たちは、制約がある暮らしはうっとうしいと考えがちである。しかしそれは、私たちを縛るものがトップダウンで押し付けられた場合だろう。確かにオルドヌングは、アーミッシュの暮らしを制約するものではあるが、決定に至るまでに徹底した話し合いがもたれるので、決してトップダウンで課されたものではない。コミュニティーの存続を大前提に、アーミッシュとしてどう生きるべきかを念頭において、互いの権利を尊重しながら話し合いを重ねる。その過程を経て得られた合意は、たとえ一般社会に迎合しているように見えても、決してそうではない。アーミッシュとしての揺るぎない信念を核として保ったまま、一般社会に合わせて擬態しているだけなのである。そしてその擬態のかたちは、メンバー一人ひとりにとって「『私』が自律的に決めたこと」なので、それを尊重し、遵守しようと努めるのである。

## アーミッシュの高齢者　長寿と活力の秘密

### なぜアーミッシュに長寿者が多いか

先進国における高齢化の進展が著しい。WHOが二〇一八年に発表した世界保健統計によると、二〇一六年、世界一八三の国と地域における平均寿命の男女平均は七十二・〇歳である。内訳を見ると、第一位の日本が八十四・二歳で、第二位のスイスは八十三・三歳と、日本に僅差で迫っている。以下、上位を占めているのは、大半がいわゆる「先進諸国」である。その一方で、アフリカ諸国では、いまだに平均寿命が六十歳以下の国々が多く、南スーダン、ソマリア、ナイジェリア、シエラレオネ、中央アフリカ共和国、レソトなど一五の国々は、平均寿命が六十歳を切っている。このことは、平均寿命の伸びが、経済的豊かさと連動していることを示唆している。

ところが、アメリカの平均寿命は、七十八・五歳、世界第三四位にすぎない。もちろん平均寿命の数値だけで、国民の健康度が測れるわけではないが、この数字に危機感を抱くアメリカ人は多い。

アメリカは、言わずと知れた経済大国である。OECDの年次資料によると、二〇一七年、アメリカの実質GDP（国民総生産）は、一九兆五千億ドルでOECDの中で第一位。日本の実質GDPが四兆九五〇〇億ドルであることを考えると、アメリカの経済規模の大きさが伺える。また、実質GDPを人口で割った名目GDPは、国民の豊かさの指標として使われるが、アメリカは五万八千ドルでOECD三五ヶ国中第六位である。日本が四万一千ドルで、OECD中一七位であることに照らすと、富裕層と貧困層の大きな格差や貧困の拡大などが取りざたされてはいるものの、アメリカは経済的に豊かであるといえる。それにもかかわらず、なぜアメリカ人の平均寿命の伸びは鈍いのだろうか。

この疑問を、長寿者が多いアーミッシュの生活から解き明かそうとする記事が、二〇一八年二月十五日のタイム誌に掲載された。執筆者ジェフリー・クルーガー氏によると、アメリカ人の平均寿命がわずか四十七歳だった一九〇〇年、アーミッシュのそれは五十歳を優に超え、七十歳以上の人も多くいたという。現在、アーミッシュの平均寿命は、アメリカ人の平均を少し上回る程度だが、高齢者の健康状態は極めて良好で、心臓疾患を除く、ガン、糖尿病などのいわゆる生活習慣病の罹患率が非常に低いと指摘する。そして、その原因を解き明かすために、インディアナ州インディアナポリスにあるアメリカスポーツ医学大学（American College of Sport Medicine）が、二〇〇四年に行った調査を紹介している。

調査は、主として農業に従事するアーミッシュの男女「多数」と、世界先進一二ヶ国からランダムに抽出された二〇〇〇人の参加者に、七日間歩数計を装着してもらって行われた。その結果、一日平均歩数は、アーミッシュの男性が一八、四二五歩、女性が一四、一九六歩で、男女共、非アーミッシュの平均歩数の六倍であったという。

この数字は、電気を使わず、車の利用を極力避けるアーミッシュの日常生活を反映している。遠出の時は馬車を使うものの、一、二キロ程度の距離であれば徒歩で出かけていくし、ほとんどの農作業と家事労働を電気を使った機械に頼らず行う。しかも農作業にしても家事労働にしても身体全体を動かすので、ただ歩くだけの時より、足や腕、体幹などすべての筋肉に負荷がかかっていると考えられる。つまり、同じ歩数であっても、ウォーキングで消費される以上のカロリーが消費されているのである。この調査は、日常生活のさまざまな場面で体を動かすことが、高齢になっても良好な健康状態を維持するために重要であることを示している。

日常生活の中で体を動かすことのよさは、アーミッシュの肥満率の低さによっても実証されている。アメリカの医学系科学雑誌「プロス・ワン（PLOS ONE）」に掲載された論文によると、人の肥満度を表す体格指数、ＢＭＩが三〇を超える「肥満」の人は、一般のアメリカ人の31％にのぼるが、アーミッシュでは、わずか４％であり、特にⅡ型糖尿病の患者が、一般のアメリカ人の半分以下であったという。調査に携わった、アメリカ、テネシー大学のデイヴィッド・Ｒ・バセット教授は、この結果をアーミッシュの日常的な活動量の多さを反映したものであると結論づけ、「日常的に身体を動かすことが、健康を維持するうえでいかに重要かを示唆するものである」と述べている。

さらに、アーミッシュの健康と長寿の秘密を遺伝子レベルで解析する研究も行われている。アーミッシュは、アーミッシュとの結婚が原則なので、家系をたどりやすい。現在、三〇万人を超えるアーミッシュはすべて、一七〇〇年代にアメリカに移住した二〇〇家族をルーツとしており、ほぼすべてのアーミッシュは、そのルーツをたどることができる。彼らは同じ教区内での結婚を避けるので、血族結婚の比率は非常に少ないが、離れた教区で生まれ育った者同士であっても、家系的にどこかでつながっている可能性は否定できない。そのため、常染色体劣性遺伝のメープルシロップ尿症や、遺伝性胎児赤芽球症などの遺伝子疾患が多発する家系があることも事実だが、その反面、健康長寿に関わる遺伝子が受け継がれている可能性もある。

このような視点から、いくつもの研究が行われているが、二〇一七年十一月、アメリカ・イリノイ州シカゴに本拠地を置く、ノースウェスタン大学の研究グループが、「インディアナ州に住む、あるアーミッシュのコミュニティーには、ＰＡＩ－１阻害遺伝子の保有者が多い。

ＰＡＩ－１は、血管内や肝細胞で産生され、炎症などによって増加すると、血栓症を引き起こすほか、糖尿病や脂質異常を誘発する。したがって、ＰＡＩ－１の産生と体内での活性化が阻害できれば、脳梗塞や心筋梗塞などの血栓症、糖尿病、高脂血症などのリスクを減らすことができる。しかし、いわゆる「長寿」遺伝子を持つ人が特定のアーミッシュのコミュニティーに多いという事実だけで、多くのアーミッシュの長寿傾向と老齢期に入ってからの良好な健康状態の説明がつくわけではないが、調査対象を拡大し、他のコミュニティーにもこの遺伝子の保有者が多いことがわかれば、ＰＡＩ－１阻害薬の開発にさらに拍車がかかるかもしれない。

一方、アメリカ・メリーランド大学の研究グループは、肥満を引き起こすＦＴＯ遺伝子に注目した調査を行った。ヒトの約六分の一が持つというこの遺伝子の保有者は、空腹を感じやすく食欲を自制しにくいという特徴があり、高カロリーの食品を好む傾向にある。そのため保有者のおよそ70％が肥満に陥っていると報告されている。

この研究グループがアーミッシュ対象に行った大規模な調査によると、アーミッシュも全体の六分の一がＦＴＯ遺伝子を持っており、乳製品と動物性脂肪、さらには砂糖の摂取量が多い食生活であるにもかかわらず、肥満者数が非常に少ないという結果が出た。しかも肥満者は、ふだん活動量が少ないグループに限られているという。これらのことから、研究グループは「ＦＴＯ遺伝子を持っていても、アーミッシュは、農作業を初めとする日常生活のあらゆる場面で身体を動かす機会が非常に多い。それがカロリーの燃焼につながっているだけでなく、FTO遺伝子の働きを抑制していると考えられる」と結論づけている。

## 「皆がそれぞれの場所で、自分の役割を果たしている」　高齢者の居場所と役割

確かにアーミッシュは、老若問わず日常的によく体を動かしている。電気を使わないので日常の作業量が多いことは確かだが、彼らは忙しい日常の合間をぬって、まわりの人のためによく働く。その根底にあるのは、聖書に基づく助け合いの精神である。つまり、自分が働くことで他の人を楽にし、喜ばせることができれば、それこそが神を喜ばせることだと考えているのである。前出の、ペンシルバニア州、ランカスターで自宅の一部を民泊施設として旅行者に提供しているクリス・ストルツフスは、次のように話す。

「歳とともに体力は落ちているし、去年、病気を患ってから右足が少し不自由になったけれど、体はまだじゅうぶん動く。これは、『他の人の役に立ちなさい』という神からのメッセージなんだよ。神は、『あなたがたは世の光である』と言っておられる。私は小さな光だけれど、それでも、どこかを、わずかでも照らすことができるんだ。いずれ必ず『もうじゅうぶん働いたから、私の傍に来なさい』と言われる時が来る。その時は、それに従うまでだよ」

クリスの言葉を受けて、彼の妻、ケイティもこう語る。

「神は『あなた方が、これらの私の兄弟たち、しかも、もっとも小さい者たちのひとりに行ったことは、私に行ったと同じことなのです』とおっしゃる。私たちは、決して報いを求めているわけではないの。ただ、愛する家族や隣人に喜んでもらいたい、そして愛する神に喜んでもらいたいと思っているだけなのよ」

アーミッシュの労働観も、その活発な日々の活動につながっている。アーミッシュがよく使う格言のひとつに、「暇な時間は悪魔が活躍する時間」というものがある。ヨーロッパから移住してきた先人たちが、少しでも早く、安定した生活基盤を作るべく労働に勤しむ中で生まれた言葉なのだろう。適度に「暇な時間」をもつことは心身の回復に不可欠だが、「暇な時間」があり過ぎると外向きのエネルギーが、内向きのエネルギーになり、不満と不安の引き金を引きかねない。不満と不安は妬みや猜疑心を生み、それが身近な人たちとの人間関係をぎくしゃくさせる。このことを知っていた先人たちは、「暇な時間は悪魔が活躍する時間」と表現して、自らを戒め、周りの人たちに警鐘を鳴らしていたのだろう。

アーミッシュの住まいをよく見ると、母屋に隣接して、あるいは母屋の裏手に小ぶりの建物が建てられていることが多い。ダウディー・ハウス（Dawdy Haus）、つまり「おじいちゃんの家」と呼ばれるこの建物には、子どもの家族に農地を譲り、現役を退いた老夫婦が暮らしている。老夫婦はここで余生を送るが、ただのんびり過ごしているわけではない。体が動くうちは、子どもたちの家庭や教区内の隣人たちのサポート役として、あるいはアーミッシュ観光の担い手として、忙しい日々を送っている。

アーミッシュの家庭は子どもの数が多い。ひと昔前に比べてその数は少なくなったものの、一家庭の子どもの数は平均七人。一〇人以上の家庭も珍しくない。しかも電気を使わないので、必然的に仕事量が多く、特に若い家庭は、農作業の手助けや家事の手伝い、子どもの世話など、人手がいくらあっても足りない。時間的に余裕がある時や頼まれた時だけ手伝う場合もあるが、定期的に子どもたちの家庭を訪ねる高齢者も多い。多少遠くても、馬車で往復できる範囲なら気軽に出かけていき、農作業や家事を手伝いながらおしゃべりを楽しみ、孫たちの世話をしながらその成長に目を細める。

アーミッシュの家。右奥にダウディー・ハウスがみえる
(ペンシルバニア州ランカスター)

「待っていてくれる人がいて、頼まれる仕事がある。ここにも私の居場所があると思うと、心の底から幸せな気持ちになるんだ。神のお計らいによって、私はこの世にとどまり、たくさんの恵みを受けている。それだけでも幸せなことなのに、自分が必要とされ、誰かの役に立っ

ていると思えることは、身にあまる幸せだよ」

クリスがこう言うと、ケイティーは何度もうなずいた。

「すべての命あるものには何らかの役割があるわ。動物も植物も、そしてひとも、それぞれが、それぞれの場所でその役割を果たしているの。神の大きなお計らいの中で、私も自分の役割を果たしていると思うとちょっと誇らしい気持ちがするし、ささやかでも家族や友人などの身近な人たちの役に立っているという実感が持てることは、とても大きな喜びよ」

出産の時など何日か滞在することもあるが、ふだんは日帰り。朝早く出かけ、まだ日のあるうちに自宅に向けて馬車を走らせる。後ろに赤い三角形の蛍光ステッカーを張ってはいるものの、街灯がほとんどない田舎道で、アーミッシュの黒い馬車は闇に紛れてしまう。車に追突されたり、車と出会いがしらに衝突したりする事故は夜間に多く、死傷者の数も相当数にのぼる。そのため、よほどの事情がない限り、日が落ちたら馬車で公道を走ることは避けた方がよいのだ。膝に乗せた籠には、その日に収穫した野菜と夕食のおすそ分けが入っている。「でも、何よりも嬉しいお土産は、孫たちが描いてくれた絵と手紙だよ」とストルツフス夫妻は、頬を緩ませる。

蛍光ステッカーを貼った馬車

家族の中だけでなく、教区の中でも高齢者の果たす役割は大きい。アーミッシュの高齢者は、いくつになっても教区の中に居場所があるだけでなく、長年受け継がれてきた伝統を次の世代に伝えるという大きな役割を担っている。

結婚式と葬儀は、国や地域、民族を問わず、人生における重要な儀式である。またキリスト者にとって礼拝、聖餐式、受洗式が非常に大きな意味を持つように、どの宗教にも重要な儀式がある。このような儀式は、人が自分のルーツと精神的な礎を確認する場でもあるのだ。

アーミッシュは伝統的に、これらの儀式を教区のメンバーの自宅で行っている。また二〇〇年以上にもわたって受け継がれてきた、保存食やキルト作り、納屋作りなどの伝統行事は、家庭あるいは個人単位の集まりだが、やはり教区をベースにして行われている。

このように公私が場所とメンバーを一にする場合、人間関係が濃厚になり、互いの絆が強まるというメリットがあ

結婚式の日の馬車。馬たちは臨時に設けられた厩舎で飼い主の帰りを待つ

る反面、それゆえのわずらわしさやトラブルも覚悟する必要があるだろう。このことについて、あるアーミッシュは、「確かに意見の違いや気持ちの行き違いはあるが、大きなトラブルに発展することはまずない」という。その背景には、彼らが互いに謙遜の心で相手に接していることと高齢者の存在が挙げられる。高齢者はアーミッシュの文化と伝統を前の世代から受け継いだ存在として一目置かれている。謙遜を旨として生きてきた彼らは、自ら差し出ることはないが、問われれば喜んで知る限りの事を伝え、困りごとがあればともに考えて解決を図ろうとする。この姿勢と、扇子の要のような高齢者の存在が、アーミッシュ社会の平和と安定に大きな役割を果たしていると言えよう。

披露宴会場

アーミッシュの結婚式と葬儀には、非常に多くの人たちが参列する。家族と親戚だけでもかなりの人数になるうえ、教区を問わず多くの友人知人が集まり、さらに非アーミッシュの友人も加わるので、その数は最低でも二〇〇人。多い時は四〇〇人を超える。結婚式は主に花嫁の家で、葬儀は故人の自宅、あるいは子どもの家や近くに住む仲間の家で行われる。その準備には多くの人手が必要だが、特に参列者に提供する食事の支度と式場の準備は最も重要で、そして大がかりな仕事である。材料の調達から下ごしらえ、調理から配膳に至るまで、老若問わず、教区のアーミッシュが総出で参加する。と言っても、全員がずっと作業にあたるわけではない。当日から逆算して準備のスケジュールが決められ、年齢や体調、家庭の状況に応じた役割分担がなされる。高齢者や体の不自由な人たちは坐ってできる仕事や軽作業が割り当てられるし、就学前の子どもを多く抱える家庭や病人がいる家庭は、負担が少なくなるよう配慮されている。

世帯ごとに均一に仕事を課す方法は一見平等なようだが、世帯の構成メンバーと状況によっては、特定の人たちに大きな負担を強いることになるので、結果としてメンバー間に不平等を生じかねない。負担感と不平等感からは不満しか生まれないが、個々の状況に応じた配慮と仕事の割り振りは、いたわりや思いやりなどの温かい感情を生む。このことは、農作業や家事の合間に道具を片手にやって来て、

披露宴と葬儀に使う資材と食器は教区の備品。木のコンテナに保管されている

自分の担当以外の作業に加わる人が多いことからもよくわかる。

冠婚葬祭時に提供される食事のメニューは教区ごとに決まっているが、分量や手順などが明文化されているわけではないので、同じメニューでも、季節や参加者数、そして参加者の顔ぶれに応じて、作り方や味付けを臨機応変に変えなくてはならない。また式場作りでも、会場となる家の造りや大きさに合わせた設営が必要である。このような時、長年の経験に裏打ちされた高齢者の勘と知恵が大いに役に立つ。彼らは、坐ってできる作業のかたわら、生き生きした様子で「ご意見番」としての役割を担っている。

プロパンガス冷蔵庫の製品ラベル

冠婚葬祭と宗教的儀式は教区全体で行われるが、保存食作りとキルト作りは、近隣の数家族、または親戚や知人が家族ぐるみで集まって行われる。アーミッシュの家庭では、季節の野菜や果物、肉類の保存食作りが今でも重要な仕事である。

アメリカに電気冷蔵庫が普及した一九六〇年代半ば以降も、アーミッシュは、一八〇〇年代そのままの方法で食品を保存してきた。近年、プロパンガスで動く冷蔵庫が販売され、使用を許可している教区も比較的多いが、このタイプの冷蔵庫は、需要が少ないのでかなり高額である。そのため、近くの非アーミッシュの友人や、馴染みの店の冷蔵庫で当座の肉や魚を保存させてもらう家庭も増えてきたが、今でも、当座の食品は川の流れを利用して保存し、収穫期に多く採れた野菜と果物をビン詰めにして保存している家庭が多い。

ビン詰めの保存食は、調理した野菜や果物、肉類をビンに入れ、ふたをしっかり締めて、ビンごと大鍋で一時間ほど煮沸して作る。野菜のピクルス、トマトソース、アップルソース、果物のシロップ漬け、塩漬け肉のボイル等々、種類も一度に作る量もとても多い。そのレシピは、祖母から母へ、母から娘へと受け継がれているが、主婦たちは互いに情報交換し合いながら、改良を重ねている。保存期間は、常温で約一年間。忙しい時の食事作りに重宝するだけでなく、冠婚葬祭のふるまい料理を作る時に持ち寄ったり、ホームパーティの手土産にしたりもできるので、アーミッシュの暮らしには欠かすことのできないものである。

地下室に作られたビン詰めを並べる棚

また、冬には近隣の数家族が集まって、豚を解体して塩漬け肉やハムを作り、ラードをとる。解体当日のご馳走は、内臓肉を使った料理である。新鮮な内臓肉は臭みがないので、余分な脂やよごれを掃除した後、さっとゆでてソースをかけ、そのうまさを味わう。塩を強めに効かせた塩漬け肉をビン詰めにして保存し、熟成させた塩漬け肉を庭の隅にしつらえたスモークハウスで燻製にして保存する。

ここでも高齢者は、軽作業のかたわら「ご意見番」としての役割を果たしている。夏は木陰の椅子に坐って野菜の皮むきをしながら、冬は分厚いコートを着込み、ショールを幾重にも巻いて作業を見守りながら、求められるとアドバイスをする。

地下室の棚にずらりと並んだビン詰めの保存食

特に豚の解体は、その昔、ドイツからの移住者によって伝えられたアーミッシュの冬の風物詩である。やせた土地が多かったドイツでは、冬には穀物類を豚の餌にまわす余裕がなく、ドングリなどの山の恵みもほとんど手に入らないので、豚が餓死する前にできるだけ多くさばいて、塩漬け肉やハムを作ったのである。豚は本来、晩春から初夏の時期に繁殖期を迎える。成長が早く、厳冬の頃には食用に適した状態に成長しているので、肉が腐敗しにくい冬は解体に適しているのだ。四〇代のあるアーミッシュの男性は、このように話す。

「この『屠殺の日』を大人も子どもも楽しみにしているんだ。新鮮な肉やモツをその場で焼いたり煮たりして食べられるからね。新鮮な肉はうまいよ。確かに庭の一角、冷たい風が吹きさらしのところでやるから寒いけれど、いくつもの大鍋にお湯がグラグラ沸いているから、まわりは結構暖かいよ」

「毎日世話をする子どもたちが、ショックを受けないかって？　農場で飼っている豚はペットじゃない。私たちを生かしてくれるために、神が与えて下さった存在なんだよ。だから余すところなく使い切るんだ。血はブルートブルスト（豚の血のソーセージ）にたっぷり使うし、尻尾は煮込んでスープにする。脂はラードにするしね。それを見ているから、みんな子どもなりに理解しているはずだよ」

——寒いし、力仕事だから、お年寄りは見ているだけ？

「さばいて肉を切り出したり、血を抜いたりするのは、力がいるから確かに若い者がやるけれど、長年の経験で身につけたコツと勘が要ることは、若い者じゃできないんだよ」

「当日、どういうわけか小屋から出たがらない豚が結構多いんだ。知っているのかもしれないね、自分の運命を。そういう時、無理やり引っ張ってもだめなんだよ。向こうの方が力が強いからね。でもふしぎなんだ。祖父が『よし、そらっ、いい子だ』と声をかけながらお尻を押すだけで、出てくるんだよ、渋々だけれどね。屠殺の瞬間もそうだ。眉間に一撃を加えて気絶させるんだが、その加減が難しい。強過ぎると血が飛び散って作業がしにくくなるし、弱いと苦痛を与えるだけだから。うちの祖父だけじゃなく、こういう役目はどこの家でもじいちゃんさ。ただ祖父も高齢だからね、今年あたりからは父親が引き継ぐだろうし、そのうち私に免許

アーミッシュキルト。熟練者は 25mm に 20 針刺せる。針目が細かいほど見た目がふんわりとしていて温かい

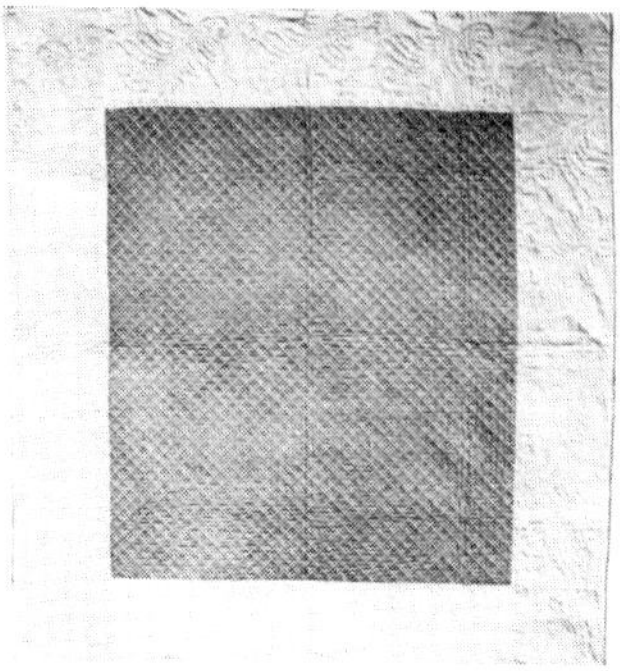

初期のアーミッシュキルト。一見シンプルだが、細かいステッチが中央部分は格子状に、周囲はシダを模して施されている

皆伝だから、しっかり見ておかないとね」

キルト作りの技は、アーミッシュの女性たちによって二〇〇年以上にわたって受け継がれてきたものである。秋の収穫を終えると、冬の間、畑は雪や氷におおわれて農作業ができない。その時期、女性たちが手仕事として始めたのが、アーミッシュキルトのルーツであると言われている。

女性たちは、自宅でキルトを作るだけでなく、姉妹、親戚、友人知人同士で頻繁に集まって、おしゃべりに興じたり、時には賛美歌を歌ったりしながら、数ヶ月かけて一枚の大きなキルトを仕上げる。この集まりは、キルティング・ビー（quilting bee）と呼ばれ、ここで作られたキルトは、結婚祝いや病気見舞いとして使われるほか、ギフトショップで販売され、女性たちの副収入になる。シングルサイズのベッドカバーで、四〇〇ドルから五〇〇ドル。手仕事の温かさが見直されている昨今、ひと針ひと針ていねいに刺し上げられたアーミッシュキルトの人気は高く、ニューヨークなどの大都市のホテルやレストランでは、タペストリーとして壁にかけられていることもあるという。ちなみに「ビー（bee）」は、蜂を意味する。キルトを作りながら、女性たちがおしゃべりに花を咲かせていることを、蜂がブンブン飛ぶ音になぞらえているのである。このネーミングからもわかるように、キルティング・ビーは、女性たちの情報交換の場であり、ストレス解消の場でもあるのだ。

「手元が見えにくくなったねぇ」と言いながら、高齢者もキルティング・ビーに参加し、若い女性の隣に坐って、皆で一枚のキルトを仕上げる時の微妙な糸の引き方や他の作り手とのピースの合わせ方などを手ほどきする。お茶の時間には、皆で持ち寄りの焼き菓子をつまみながら休憩し、また口と手を動かしてキルトに精を出している。やがて太陽が西への歩みを早める頃になると

「さて、今日はここまでにしようかね」

と年長者が声を上げる。

「夕飯を作らなくちゃね。お腹を空かせて帰ってくる夫と子どもたちに、たらふく食べさせておやり」

その声をしおに、銘々が自分の道具を片付けて、再会を約して家路に向かう。若いにぎやかな声が西陽に吸い込まれると、残った年配の人たちは、大きなキルトの上にわずかに残された

糸くずを丁寧に払ったあと、もう一度椅子に腰を下ろすのだ。

「後片づけよ。夕食を終えたら、その日のしめくくりに軽くキッチンを掃除して、朝食の準備をするでしょう。あれと同じなのよ」

と七十代と思しき女性。

「次の時、すぐに作業に取りかかれるように糸を使いやすく並べたり、他より遅いところがあれば、先に進めたりね」

「でき具合をチェックしているのかだって？　そんなことはしないわ。みんなキルトの達人だからね」

テーブルをはさんだ向こう側で、年代物の鉄製ハサミを研いでいた高齢の女性が顔を上げた。

「糸の引き方や縫い目の細かさは、まわりと合わせようとしても、その人なりの癖が出てしまうものなんだよ。でもそれがおもしろいのだけれどね。同じ料理でも作る人によって味が少しずつ違うようなものさ。人もそうだろう。いろいろな人がいるからいいんだよ」

「確かに目はちょっと疲れているね、細かい作業だったから。でも楽しい時間は、身体と心の疲れを吹き飛ばしてくれるんだよ。この後片づけの時間も好きだよ。祖母も母もいつの頃から覚えていないけど、自然に後片付けに加わっていた。もちろん用事があったり疲れていたりしたら、みんなと一緒に帰るだけのことさ。私も今日は久しぶりに居残り組だよ」

また納屋作りもアーミッシュの重要な行事である。アーミッシュの納屋作りの写真は、絵葉書にも使われているので、アーミッシュと聞けば、その絵葉書を思い浮かべるアメリカ人も多い。農業を生業にする人たちにとって、作物や肥料、農機具などを保管する納屋は欠かせない存在であるが、特にアーミッシュの納屋は、家畜小屋も兼ねる場合が多い。あるアーミッシュの農夫が、「私たちは、毛布を持って行って納屋で寝ることができるけど、鶏やヤギたちは母屋で寝かせられないし、農具やタバコの葉を母屋に置くこともできない。だから家が先か、納屋が先かと問われたら、間違いなく納屋が先、と答えるね」と言うように、彼らにとって納屋は重要な存在である。そのため、家を新築する時、台風や火災で使えなくなったり、古くなったりした時、「納屋のない期間」をできるだけ短くしなくてはならない。そこで、教区内のメンバーが仕事の合間に約一週間で準備を整え、教区内外から集まった三百人近いアーミッシュが、僅か一日で、二階建ての大きな納屋を作り上げてしまうのである。

タバコの葉は、納屋の中で乾燥させる

納屋の内部。奥は家畜小屋になっている

アーミッシュの納屋作り

納屋作りの当日、多くの高齢者が小さな椅子を出して納屋をぐるりと取り囲み、足場の上で作業をしている人たちの安全に目を光らせている。下から作業を注視して、材木が地面と垂直か屋根の勾配が適切かなどを確認し、指示を出すのは高齢の男性の仕事である。若い時から何度も足場の上で作業してきたので、作業のコツがわかっているし、実際に作業する側の心理を理解している。だからこそ危険を伴う作業の時には集中力を削がないようにできるだけ声かけを控え、上で作業をしている者の危険を察知した時は動揺させないように、いつもと同じトーンで声をかけるなど適切な対応ができるのである。

インターネットの普及によって、私たちはわからないことがあれば、パソコンで気軽に検索する。アーミッシュはインターネットを使わないが、新聞を丹念に読むし、読書家が多いこともよく知られている。彼らは常に外の世界にアンテナを向け、世界情勢も社会の動きもよくキャッチしているが、それは単に必要な「情報」を得るためであることを彼らはよくわかっている。そして真に必要なのは単なる情報ではなく、神から与えられ、何世紀にもわたって受け継がれてきた知恵、知識、技であることをよく知っているのである。

高齢者は先人たちから伝えられた知恵や知識、技の継承者であるだけでなく、それらを次の世代に伝える役割も担っている。このような役割があるからこそ、彼らには公私を問わず居場所があり、それが活動する意欲をかき立て、生きる意欲を支えているのだろう。

## 高齢者から多くを学ぶアーミッシュの人々

「白髪は栄光の冠である」（箴言16・32）

「あなたは、白髪の老人の前では起立をしなくてはならない。また、老人を敬い、あなたの神を畏れなければならない。わたしは主である。」（レビ記19・32）

午前中の作業を終え、昼食前に手や顔の汚れを落とす人たち

これらの聖書の言葉を引き合いに出すまでもなく、アーミッシュは高齢者を敬い、尊重する。若い時の情熱とひたむきさは影を潜めているが、それを補うように高齢者は、洞察力や慎重さ、落ち着きを身につけているし、机上の知識ではなく経験に裏打ちされた知識と知恵を持っている。このことを知っているからこそ、彼らは高齢者に意見やアドバイスを求め、その話に耳を傾けるのである。そして、大人たちのそのような姿勢を見て育つ子どもたちも、年長者を尊重し、その意見を受け入れる土壌を育んでいく。

レストランの壁にかけられたアーミッシュキルト（オハイオ州、コロンバス）

ある晩秋の日の昼下がり。ペンシルバニア州ランカスターのとある教区で、女性たちが集まってキルティング・ビーが行われていた。大きなテーブルを三つ寄せて、その上に大きなキルトが広げられている。もうすぐ結婚式を迎えるサラへのプレゼントだ。皆せっせと針を動かしながら、おしゃべりにも余念がない。今年の農作物の出来、収穫した野菜を瓶詰めにして作った一年分の保存食の仕上がり具合、子どもの話題やメンバーのうわさ話等々。話が尽きることはない。表通りで小さなギフトショップを経営しているメアリーの話題になった。

「小さな店だけど、かなりの売り上げがあるらしいわよ」

と五十年配の女性。

「他の店では、外国から安く仕入れた品物に『アーミッシュの手作り品』というタグをつけて、格安で売っているところもあるらしいけど、メアリーの店はそれを絶対にしないそうよ。値は張るけれど、アーミッシュが作ったものだけしか売らないって」

「そうそう。いい品は、見る人が見ればちゃんとわかるものさ」

ここで一人の若い女性がため息をついた。

「このベッドカバー、メアリーの店で売れば五〇〇ドルは下らないはずよ。この間のぞいたら、これよりひとまわり小さいサイズのカバーが、四五〇ドルで売られていたもの。プレゼントにするのが惜しい気がしてきたわ」

隣に坐っていたもうひとりの若い女性が、大きくうなずいた。

「私も、そう思っていたわ、エドナ。五〇〇ドルどころか、八〇〇ドルで売れるわよ。グロスデイル通りのローラおばさん、自宅の一階で手作りキルトを売っているでしょ。この間、大きなベッドカバーが八〇〇ドルで売れたんですって。街でホテルを経営している人が買って行ったそうよ。ロビーの壁に掛けるんだって」

「まぁ、八〇〇ドル！　これが八〇〇ドルで売れたら、手数料と材料費を引いて……一人八〇ドルはもらえるわね。私、この間作ったキルトを持ち込んでみようかしら」

「そうよ。馬車で使うふわふわの膝掛けだって、いい匂いのハンドクリームだって買えるわ」

その時、黙々と針を動かしていた老婦人が顔を上げた。白髪まじりの濃いブラウンの髪を「祈りのキャップ」できゅっと包み込み、ややハイネックの濃い紫色のワンピースに白いエプロンが鮮やかだ。眼鏡の奥の柔らかな眼差しがエドナたちをとらえた。

「私はね、アーミッシュがビジネスに手を出すことは、しかたのないことだと思っているよ。土地は高いし、税金も高い。ものの値段も上がっているから、暮らしていくのは大変さ」

キルティング・ビー

「でも、いいかい。神は『富を得ようと苦労してはならない』とおっしゃる。お金やものは、持てば持つほどもっと欲しくなるし、手に入れようとしてあくせくすると、心の平安とゆとりをなくしてしまうからね。それだけじゃないよ。神がお嫌いになる「高ぶる心」、つまりうぬぼれと思い上がりが生まれる。私たちがこうして同じ服装をしているのも、装飾品を身につけたり、家の中を飾ったりしないのも、「高ぶる心」を持ちたくないからなんだよ」
若い女性たちは小さくうなずいた。他の女性たちも手を休め、ある者は老婦人をじっと見つめ、またある者は、自分の手元に目をやって聞き入っている。

「祖先たちは、必要に迫られて家具やキルトを作り始めた。特にキルトは、冬の寒さを凌ぐのに欠かせないものだったからね。その技は、改良に改良を加えながら何代にもわたって受け継がれ、私たちは今、その恩恵を被っているんだよ。もっともその技が、外の世界の人たちの楽しみのために使われているという今の状況には、複雑な思いを持っているよ。私たちの作ったものが外の世界の人たちの身や家を飾っているということは、私たちが自分の家や身を飾っていることと同じじゃないかと思うとね」

老婦人は、そこでいったん言葉を切った。つい先ほどまでにぎやかな会話が飛び交っていたテーブルに静謐な空気が流れ、彼女の穏やかだが凛とした声音が、柔らかく響いた。

「でも、今のご時世、しかたのないことなら、せめて『富を得ようと苦労してはならない。賢く思いとどまるがよい』という神のお言葉によって、自分の欲を満たすためだけに、その技を使うことを思いとどまらなくてはいけないよ」

「神は『祈る時は、頭に被りものをせよ』とおっしゃる。私たちがつけている祈りのキャップは、いつでも祈りが捧げられるためのもの。サラに祝福があることを祈りながら作ってあげ。外の世界の人たちがどんなものさしを持っていようと、私たちは私たちのものさしを大切にしなくてはね」

短い沈黙の時が流れた。エドナは感じ入った面持ちで

「そうね。私たちにこの技を授けてくださった神と、それを大切に受け継いできた人たちに

感謝しなくては」

とつぶやくように言い、もうひとりの若い女性も

「ずっと昔から、寒い冬にみんなを温めてきたキルトの技を、自分の欲を満たすだけに使ってはいけないわね」

と恥ずかしそうに言った。

「そうだね。私たちのキルトは外の世界の人たちも喜ばせる。それはそれでいいことだとは思うけれど、外の世界の人たちの考え方に飲み込まれてしまわないようにしなくてはね」

老婦人の柔和な眼差しが温かい光をたたえた。

キルティング・ビーの時、高齢者は自分の担当部分を丁寧に縫い刺ししながら、隣に坐った若い女性に、共同製作特有の微妙な糸の引き方や、他の作り手とのペースの合わせ方を手ほどきする。しかしただ知識や技術を伝えるだけでなく、折に触れてアーミッシュとしての生き方を確認する役目があることも自覚している。洗礼を受ける前、司教らによる準備講座が行われるが、一般社会との関わりが増え、密接さも増している昨今、若い世代の意識の中に一般社会の価値観が忍び入ることもあるのだ。しかしアーミッシュは、どのような時でも自分の経験を前面に出した押しつけがましい話をしない。それは彼らが、イエスの山上の教えに沿った謙遜な生き方を旨とし、自分の個人的な経験は取るに足らないものであると考えているからである。

ケイティ・ストルツフスはこう言う。

「私たちが若かった時、クリスと私の両親や叔父叔母たちがよく手伝いに来てくれたわ。手伝ってくれたのもありがたかったけど、悩みを相談できたことが本当にありがたかった。テーブルをはさんで改まって話すのではなく、作業をしながら、子どもたちのことや人間関係についての困りごとをさりげなく話せたの。聞いてもらっただけで心が軽くなったし、アドバイスをもらって、それによって解決の糸口が見えたこともたくさんあったわ。私もそういう存在になりたいと思っているのよ」

傍でクリスもうなずいている。

「そうだね。農作業の知恵だけでなく、教会の仕事や教区の仲間との人間関係などの悩みを聞いてもらったし、どうすればいいかを教えてもらった。イエスは、『二人または三人が、私の名によって集まるところには、私もその中にいる』とおっしゃったが、その通りだと思う。ひとりで考えているだけでは、堂々めぐりさ。二人、三人いれば思いもよらない良いアイデアが生まれるものだが、特にお年寄りの知恵にはとてもかなわない。たくさん見聞きし、たくさんの経験をしてきたのだから。私はまだまだ知恵ある年寄りとは言えないけれど、困り果てたことも、どうやって解決しようか途方にくれたことも数多く経験してきた。だから、悩んでいる若い人たちに寄り添うことだけはできると思うんだ」

ふたりの静かな話しぶりと謙虚な言葉の中には、さまざまな経験を乗り越えてきた安堵感と自信、そして若い人たちへのエールが感じられる。それを感じるからこそ、若い世代の人たちはお年寄りの言葉を受け止め、アドバイスを受け入れるのだろう。

## アーミッシュのツーリズムと高齢者

### 高齢者の多様な働き方

電気を使わず、科学技術の発達が生んだ便利な発明品に背を向けて暮らしてきたアーミッシュ。たとえ条件付きであっても、彼らが携帯電話やパソコンなどの使用を認めるようになった背景として、ツーリズムの対象としてのアーミッシュに人気が集まり、アーミッシュブームともいえる現象が起きていることが挙げられる。オハイオ、ペンシルバニア、インディアナの三州合わせて、年間二〇〇〇万人がアーミッシュ関連のツーリズムを体験し、日本円に換算して、年間二〇〇〇億円以上ものお金を落としている。

特にペンシルバニア州ランカスター郡とオハイオ州ホームズ郡は、アーミッシュ・カントリーとして有名な地域である。年間を通して、平日は一般のツアー客が乗った観光バスが列をなし、週末には家族連れが押し寄せる。表通りには、多くのレストランやショップが軒を連ね、三月初めから十月末にかけての観光シーズンには、アーミッシュ馬車の試乗体験、アーミッシュの家庭や農場の見学ツアーなど、さまざまな体験型アクティビティーも用意されている。

そこでは、若い世代に混じって多くの高齢者が、生き生きした様子で働いている。レストランの調理係やウェイター、ウェイトレス、ショップの販売員のほか、観光用アーミッシュ馬車の御者を務めているのも、キルトショップでキルト作りを実演しているのも、アーミッシュのお年寄りである。きゅっと結い上げた髪を白いキャップに収め、暗色のワンピースに白いエプロンをきりりと締めた女性たちと、つばの広い帽子をかぶり、サスペンダーで吊るしたズボンを履いた白いあごひげの男性たち。観光客との会話を楽しみながら、皆、楽しげに働いている。

フルタイム、パートタイムにかかわらず、アメリカでは意欲と体力のある高齢者の働く場が多い。年齢を理由に採用を拒否したり、仕事からのリタイアを求められたりすることは差別だという意識が強いからで、いったん職に就くと体力その他の事情で、本人がリタイアを決意するまでその職にとどまることができる。個人の働く意欲が尊重される点はメリットだが、組織内の新陳代謝が悪いという弊害もある。またスペースの問題も見逃せない。多くの大学では、高齢になってほとんど大学に出てくることのない教授の部屋がいくつもあり、若い世代の部屋不足が深刻化している。最近では、大企業の一部で定年制を導入する動きや、高齢の役員に退職金を多めに支払って自主的な退職を促す動きもみられるが、彼らは収入を得るためだけに職にとどまっているわけではない。長年打ち込んできた仕事を手放し、職場という居場所から離れたくないのである。

一方、アーミッシュの高齢者は、ほとんどが農業に従事してきた。農業の第一線を退いても、家庭菜園で野菜を作り家畜の世話を手伝うので、長年打ち込んできた仕事を手放すわけでも「職場」を失うわけでもない。ホームベースをキープしたままで新しいことを始めるからこそ、生き生きと楽しんで働けるのである。

部屋を改装して工芸品を作る作業場に

また最近増えているのが、子育てを終えたあとに起業する女性たちである。起業といっても、大がかりな事業を興すわけではなく、自宅の一部を改装したり小さな店舗を借りたりして店を開くのである。

手作りのパンと焼き菓子の店を営むエスターもそのひとりだ。子どもたちの手が離れた一〇年ほど前、得意のパンと焼き菓子作りの腕を生かそうと店を始めた。忙しい時や急な来客の時、ちょっとした手土産が必要な時などに利用してもらえれば、と考えたのである。ところが、たまた立ち寄った観光客が「シュガークリークでおいしいアップルフリッターに出会いました！　フィラデルフィアやニューヨークの有名店をしのぐおいしさ！」という記事を自身のブログにアップしたことをきっかけに、観光客が増え始めた。評判が評判を呼び、州都コロンバスやクリーブランドなどから定期的に訪れる人の数が増え、彼らの求めに応じて、イートインスペースを設けたり、シュガーアイシングでかわいらしくアレンジしたクッキーを販売したりすると、店の売り上げは倍増した。

やがて「開店時間を知りたい」「今の季節は、どんなパイを売っている？」などの問い合わせに応える形で、業者に店のホームページの作成と管理を委託することにした。アーミッシュは写真を撮られることが禁じられているので、彼女自身は登場しないが、ホームページいっぱいにアップされている店内の様子や商品の写真は、店の知名度と売り上げの増加にひと役買っている。

またキルトショップを経営する女性もいる。長年、自宅の一角で自作のキルトのほか、友人や知人から委託された作品を販売していたが、一念発起して小さな店を構えたのである。

「うちは奥まった所にあるから、案内板を出してもなかなかお客さんが来なかったわ。おまけにせっかく見に来てくれても、夕食の支度に追われていたりするとゆっくり相手ができなかったの。それなら店を開き、その時間をきめて店にいる方がいいと思ってね」

店番をしながら手が空くとせっせと作品を作り、訪れた客とキルト談義に花を咲かせる。やがて布や糸を置くようになり、請われて店の奥でキルトの手ほどきをするようになった。

「材料は電話で注文できるし、レジも、昔の、この手動のものでじゅうぶん。懐かしいと写真を撮る人も多いのよ。あのテーブルを囲んで開くキルティング・ビーが楽しいわね。アーミッシュ以外のお客さんも来るから、ハワイアンキルトとかジャパニーズキルトのような、アーミッシュキルト以外の図柄や刺し方を教えてもらうこともあるわ」

高齢者のホームワーキングも盛んである。ホームワーキングとは、文字通り、ホーム、つまり自宅で働くことを指す。男性は、主に飾り棚や季節のオーナメントなどの木工製品を作り、女性はキルトのほか、アップルソースや焼き菓子を作って、ギフトショップに卸す。「アーミッシュ・ブランド」を前面に出さなくても、誠実でていねいな仕事ぶりが伺える品々は、観光客を魅きつけ、購買意欲をそそる。

まもなく八十歳になるという男性は、家具作りの工房から出る端材を使って、台所用の調味料入れや鳥の巣箱、調理用の木べらなどを作り、知り合いのギフトショップに卸している。

高齢のアーミッシュ夫婦が「手すさびに」作った木の工芸品

「『すぐ売り切れたよ』『もっと作ってくれるかい』と言われると、本当にうれしいよ。初めのうちは、作ったらやすりをかけただけで出していたんだが、ある時、ちょっと思いついて、模様を刻んでみたんだよ。それが、評判よくてね」

彼は頬を緩めた。

「この歳でも、ほめられるのはうれしいものだね。もっといいものを作ろうと思うからね。気づいたら、次は何を作ろうか、どんな形にしようかと考えているよ」

大型のアメリカ料理レストランの店先。「Amish made（アーミッシュの製作）」のロッキングチェアが売られている

### 今、なぜアーミッシュ観光が人気なのか　～癒しの風景

アーミッシュは、二〇〇年以上もの間、ペンシルバニアやオハイオの農村地帯で、伝統を守りながらひっそりと穏やかな暮らしを紡いできた。その間、アメリカは大きな経済発展を遂げ、政治的にも世界をリードする存在になった。しかし、その急成長のひずみは、社会のあちこちに亀裂を生み、綻びを生じさせた。まさに「生き馬の目を抜くような」厳しい競争社会と蔓延する自己責任

論。少しでもよい暮らしをと願い、心身をすり減らしながら働き続けている多くの人々も、アメリカンドリームの実現を夢見て挫折していった、さらに多くの人々も、一様に疲れ果て、癒しを求めていた。そしてアーミッシュに目を向けたのである。

　春には小麦の鮮やかな緑が畑を彩る。夏は、トウモロコシの葉がさわさわと心地よい音をたて、とりどりの夏野菜たちが、葉の緑も鮮やかに、陽の光を浴びてつややかに輝く。若葉色のグラデーションが美しいなだらかな斜面では、馬たちがゆったりと草を食み、牛たちが寝そべっている。庭の木と木の間に張られた物干しロープには、大小とりどりのアーミッシュの服が、ゆるやかな風を受けて揺らぎ、畑では鍬を振るうおとなたちの傍で、子どもが戯れている。その静寂の中、時折、軽やかな音を立てながら黒い馬車が近づき、まっすぐな砂利道の向こうに吸い込まれていく。都会育ちの人にさえ、懐かしさを感じさせてくれる風景である。

日ざしの中でくつろぐ馬の親子

　ひたすら前だけを見すえて歩み続ける日々の生活を離れ、草の匂いを感じる柔らかい風に吹かれながら、このノスタルジックな田園風景の中に佇んでいると、来し方を振り返り、行く道のまわりに目を遣るゆとりを実感する。アーミッシュ・カントリーを訪れる人たちにとって、ここは単なる「観光地」ではなく、癒しの場所であり、自分を取り戻す場でもあるのだ。

## 今なぜ、アーミッシュ観光が人気なのか　～アーミッシュは政治色がない？

また、アーミッシュは政治色が薄いと考えられていることも、アーミッシュ人気の要因のひとつである。そして、その背景として挙げられるのが、アメリカ人の政治への強い関心である。二大政党制を採るアメリカは、一八〇〇年代半ば以降、共和党と民主党が票を分けあってきた。近年、どちらにも属さない無党派層が増えていると言われているが、そのような人たちも、「共和党寄り」あるいは「民主党寄り」を自認している。

民主党はいわゆる「大きな政府」を標榜し、アメリカの自由は万人にとっての自由であるべきだという観点から、格差是正を掲げる。その実現のためには、富裕層の課税負担を重くして貧困層への富の再分配を図るなど、政府による社会や経済への介入も必要だと考える。政党のマスコット「ロバ」は、「家庭的」、「誠実」、「謙虚」を象徴し、自由主義を掲げている。

一方の共和党は、アメリカ優先主義と「小さな政府」を志向している。政府はできる限り「個人」とその暮らしに介入せず、個人の自由と安全は自ら守るべきであり、課税負担を最小限に抑えるべきだと主張する。政党マスコットは、強さと威厳を象徴する「ゾウ」。国際社会の中で、アメリカの理念を実現することを目指す「新保守主義」を掲げている。

当然のことながら、このスタンスの違いは政策にも如実に反映されている。例えば、移民政策ひとつを取り上げても、民主党は不法移民がアメリカの市民権を得られる方法を模索することに力点を置き、一方の共和党は、不法移民はアメリカの人的・物的資源を脅威にさらすという立場から、彼らの徹底排除を主張する。おもしろいことに、民主党の支持者には、黒人やヒスパニックなどのマイノリティーのほか、白人の富裕層も多く含まれており、共和党の支持者は、白人の中間層が多い。それぞれの支持地域を見ても、地域内に住む富裕層の割合と民主党の支持率が比例している地域が多い。社会的、経済的成功を収めた人ほど、協調と協力の大切さを認識しているのだろうか。

いずれにせよ、どちらの党が政権を担うかによって、政策が大きく変わる。それは自分たちの暮らしを大きく左右するため、アメリカ人の政治への関心は非常に強く、強いがゆえに、政治に関する話題を避ける傾向にある。相手がどのような考え方をもっているかわからない場合はもとより、たとえ自分と同じ政党を支持していることがわかっている友人や親戚であっても、個々の政策への見解が異なることが多いので、お互いに政治の話題を避けている。実際に、感謝祭の食卓や職場のパーティーなどで、ちょっとしたきっかけで政治の話が話題にのぼり、喧々諤々の議論に発展する光景を時折目にすると、まさに「君子危うきに近寄らず」であると実感する。

アーミッシュに話を戻すと、彼らは、ヨーロッパで国家権力とローマカトリック教会による厳しい迫害を受けた教訓から、国家に依存せず、国家と一線を画した暮らしを頑なにまで守り続けている。それは、子どもたちを地域の公立学校に通わせるのではなく、各教区で運営されるアーミッシュスクールに通わせ、アメリカ市民および就労資格を持つ外国人の加入が義務づけられているソーシャル・セキュリティー・プログラム(高齢者、遺族、障がい者に給付金を払う社会保障制度)に加入しないといった形で現れている。そのため、アーミッシュスクールには政府からの補助金が下りないし、高齢になっても重い障がいを負っても、国からの給付金を受けることは一切ない。しかし、それこそが彼らの望んでいることなのである。また兵役を拒否し、原則的に、選挙時の投票も行わない。

しかし、アーミッシュは本当に政治に関心がないのだろうか。実はそうではない。彼らは、アメリカにいるからこそ、独自の暮らしが維持できることをよく知っている。もしアメリカ政府が方針を転換させ、アーミッシュに他のアメリカ国民と同じ義務を課すことを決めれば、彼らの日常は根底から揺らいでしまう。また、農業従事者であれ、それ以外の仕事に従事する者であれ、国や州政府の政策が自らの経済基盤を左右することを良く知っているので、大きな関心を持って政治の動向を注視している。テレビやラジオの視聴は、原則として行わないので、情報収集の手段は、もっぱら新聞と書籍である。家族や親戚、そして親しい友人同士が集まる場で、政治や政策に関する話題が取り上げられることも多く、アメリカだけでなく世界の情勢について議論することも少なくない。しかし、それはアーミッシュ内部に限られ、たとえ親しい友人であっても、非アーミッシュと政治について話すことはまれである。国家と分離した生き方を貫くためには、政治的な言動を公にすべきではないと、一人ひとりが心に銘じているのである。

このように、厳然として国家との分離を図るアーミッシュは、税金を払っていないのではないかという疑念を持たれがちだが、そうではない。消費税はもちろんのこと、所得税（給与税）、固定資産税、不動産譲渡税、そしてビジネスに携わっている人は法人税など、他のアメリカ人同様に税金を支払っている。それだけではない。アーミッシュは子どもを公立学校に通わせておらず、子どもが高等学校等の上級学校に進学することはないが、その場合でも学校教育税の支払いは免除されないので、アーミッシュスクールの運営費と学校教育税の両方を支払わなくてはならない。しかし「アメリカに住むアーミッシュ」を自認する彼らは、たとえ「アメリカに住むアメリカ人」同様の税負担に見合った恩恵を被らなくても、アメリカの地で自らの生き方を貫けることが、最大の恩恵であると考えているのだ。

このように見ていくと、アーミッシュには政治色がなく、政治とは無縁だという見方は幻想にすぎない。しかし、たとえ幻想であっても、アーミッシュコミュニティーでは、家々の前に大統領候補者の氏名を書いたステッカーが貼られていることはないし、プラカードを持った政党支持者らが、移民問題や中絶問題への賛否を声高に訴える光景を目にすることもない。それだけでも、多くのアメリカ人にとっては、心落ち着ける場所なのである。

## 今なぜ、アーミッシュ観光が人気なのか　大家族への憧れ

さらにアーミッシュ人気を支える要因として、アメリカにおける家族のあり方の変化が挙げられる。国連の人口統計年鑑によると、二〇一一年、アメリカ人一〇〇〇人あたりの結婚率は六・八件で、離婚件数は二・八件。これはつまり、結婚したカップルの四割強が離婚していることを意味する。一九八一年のピーク時には、離婚率が五割を超えていたことを考えると、減少傾向にあるとはいえ、依然として高い水準にある。これによって、ひとり親家庭やどちらかの再婚相手と同居する子どもたちが増え、「両親と血の繋がった子どもたち」という、ひと昔前の家族のあり方が変化しつつある。

また、養子制度の充実も、家族のあり方を多様にしている。アメリカ保健福祉省によると、「はっきりした統計はないが、年間およそ一一万人から一二万人の子どもたちが養子縁組している」という。子どもに恵まれないカップルのほか、ＬＧＢＴのカップル、実子がいても、人道的見地から虐待や貧困に苦しむ子どもを引き取るケース、さらには、結婚はしないが「子ど

も」がいる生活を望む独身のホストマザーあるいはホストファーザーもいる。海外から子どもを引き取るケースも多いが、どの親子にとっても、ステップファミリーであることは何ら特別なことではなく、日本で言う「単にご縁があった」だけのことなのである。

家族のあり方が多様化しているだけでなく、他の先進諸国同様にアメリカでも核家族化の進展が著しい。このような変化は、一方で古い家族形態への憧れも生む。三世代、場合によっては四世代が共に暮らし、叔父叔母、いとこ、甥姪など多くの親戚が密接に関わり合うアーミッシュの暮らし。「古き良きアメリカ」を体現するその暮らしぶりは、興味の対象であるとともに、憧れの対象なのである。

それを反映して、近年アーミッシュ・バックロード（裏道）ツアーやアーミッシュ・バックヤード（裏庭）ツアーなど、アーミッシュが多く住む地域を、非アーミッシュが運転する車で回り、アーミッシュの暮らしをより間近で見るツアーが大人気である。所要時間は、四〇分から五〇分間程度。時折、馬車とすれ違いながら、車はゆっくりと走る。広々とした畑では、麦わら帽子をかぶったアーミッシュの男たちがきびきびと働き、白いエプロン姿の女たちは、大きな母屋と納屋を行き来しながら、家事と家畜の世話に勤しんでいる。庭には工具と作りかけの木工品が雑然と並べられ、薪割り台の上の薪は、斧が半分刺さったまま置かれている。木と木の間に張られた洗濯ロープには、同じ型の服がずらりと並び、放し飼いの鶏が地面をついばむ傍で、老夫婦が家庭菜園で畑仕事に精を出している。機械化された大規模農法が主流のアメリカでは、もうほとんどお目にかかれなくなってしまったが、ひと昔前のアメリカの典型的な農家の光景だ。

　しかし、観光客は、アーミッシュの暮らしを外から見るだけでは次第に飽き足らなくなってきた。アーミッシュの暮らしをより間近で見たいというニーズに応え、近年、農場や自宅に観光客を受け入れるアーミッシュが少しずつ増えている。しかし個人での受け入れはハードルが高いので、ランカスターの民泊組合のように数軒が集まって組合を作り、メノナイトか非アーミッシュを雇って、予約の受付から苦情処理に至るまですべての事務作業を任せていることが多い。また一般の旅行エージェントと契約することもある。

アーミッシュツアーのパンフレット。左は表紙。中央はアーミッシュの馬車で村をまわるツアー、右はアーミッシュの家で夕食を楽しむツアーの紹介

　農場見学は四月初めから十一月初めに限られる。それ以外の時期は刈り取りを終え、土を休ませる時期なので、畑は見渡す限り茶色の土が広がっているだけなのだ。また秋はアーミッシュの結婚シーズンなので、列席の機会が非常に多いことも理由である。

　大人にも子どもにも人気があるのは、馬車や干し草を運ぶ大きな荷車に乗って、二〇分程度で農場内を一周するツアーである。鉄車輪のガラガラという音を響かせながら軽

やかに走る馬車。その心地よい揺れに体を委ね、あるいは蓄電バッテリーで動く大きな荷車のへりに腰かけて、観光客は、畑を吹きわたる緑の風を感じながら、馬が草を食んでいる牧草地やトウモロコシ畑を眺める。トウモロコシはアメリカの主要農産物の一つで、二、三〇年前までは郊外の大規模農場だけでなく、市街地の小規模農家でも多く栽培されていた。多くのアメリカ人にとってトウモロコシ畑は懐かしい風景なのである。

　家畜小屋や納屋の中を見学できる農場もある。そのひとつ、ランカスターにあるオールド・ウィンドミル農場は、その名の通り、大きな風車つまりウィンドミルがトレードマークの大農場である。一九二五年生まれのギデオンと一九二六年生まれのエリザベスのラップ夫妻が設立し、現在、三代目に引き継がれて、広大な畑でさまざま種類の野菜を育てるかたわら酪農も行っている。近年、観光業にも乗り出し、農場見学ツアー、野菜の加工品と乳製品の直売所、革

ウィンドミル農場。見学者は子牛にミルクをやることができ、搾乳体験もできる

ラップ家のファミリールーム

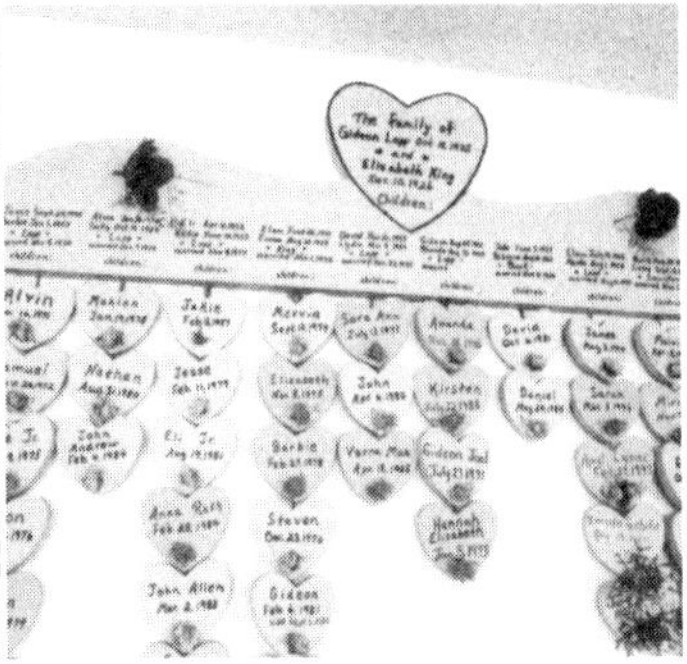

ラップ家のファミリーツリー

製品と木工品の実演販売などを行っている。農場見学ツアーでは、実際に使われている納屋を見学できるほか、観光客向けに作られた家畜小屋で牛や豚、山羊などと触れ合ったりミルクをやったりすることができるので、子どもたちにも大人気である。しかしこの農場最大のアピールポイントは、家族経営ならではの温かい雰囲気だろう。

　複数ある納屋の近くに、平屋造りの建物が建っている。広さは小学校の教室程度。壁には設立者のギデオンとエリザベスのラップ夫妻から始まるラップ家のファミリーツリーが飾られており、折りたたみ式の椅子とテーブルが並んでいる。また、部屋の隅に設けられたキッチンにはたくさんの保存食のビンが並べられ、テーブルには賛美歌集が無造作に置かれている。ここは家族や親戚が集まるファミリーハウスなのである。近隣に住むおじ、おば、いとこたちの中には農場を手伝っている者もおり、皆が折に触れて集まり、共に食事をしたり語り合ったりする。そこから生まれる愛情と信頼関係が、ちょっとした言葉のやりとりやさりげないフォローに反映され、農場全体にゆきわたる。そして観光客の心をも和ませるのである。

また、アーミッシュの自宅で、アーミッシュの家庭料理を楽しむ企画も人気が高い。昼食か夕食かを選ぶことができ、参加人数も「五人以内に限定」から「一五人以上」までさまざまである。最少参加人数が一〇人を超える企画の場合、観光客は別室で食事をとるが、それ以外はホストファミリーとともに食卓を囲む。

長年、ランカスターで暮らすジョンとサラのヨーダー夫妻も、数年前にこのビジネスを始めた。ともに七十四歳の夫妻は、息子一家七人との九人家族。月に三、四回、夕食時に六人限定で観光客を受け入れている。末っ子のダニエルがアーミッシュスクールに通うようになり、少し手が空いたのがきっかけだった。

「みんな、最初は不安だったわ。でも夫の母の料理の腕を生かせるし、時々、外の風に吹かれるのもいいかもしれないと思ったのよ。今では生活の一部になっているわね。特に、夫の両親が楽しんでいるわ」

と一緒に暮らす息子の妻は言う。メニューは日によって違うが、メインになる料理が二種類と、サイドディッシュ二、三種類。それにパンとデザートが添えられる。

この日のゲストは、ニューヨークからやって来たハーディング夫妻と、ペンシルバニア州、ピッツバーグから来たリンダの三人である。ハーディング氏は、元警察官。昨年リタイアした後、趣味のトレッキングのかたわら、地域でボランティア活動を行っており、銀行で働く妻に代わって、平日は夕食の支度も引き受けている。一方、リンダは、大学卒業後二〇年近く心理カウンセラーとして働いている。高校時代、人間と文化について考える授業のレポートに、アーミッシュを選んだことがきっかけで、ずっとアーミッシュに興味を持ち続けてきたという。

この日のメニューは、メインが、卵とクリームコーンの煮込みと、鶏肉をホワイトソースで煮込んだチキンフリカッセ。サイドディッシュとして、アップルソース、コールスローサラダ、マッシュポテトのグレービーソース添え。デザートは、ピーチパイ、アイスクリーム、そしてアップルコブラーだ。アップルコブラーは、砕いたビスケットとグラノーラの上に、甘く煮込んだリンゴを載せたスイーツで、新天地アメリカに移住したイングランド人によって伝えられた、アメリカ定番のひと品である。

卵とクリームコーンの煮込み。やさしく、懐かしい味わいの一品だ

午後五時半。三人のゲストが相次いで姿を見せ、一二人の夕食が始まった。まずジョンの合図で、全員が頭を垂れて食前の祈りを捧げる。「アーメン」の唱和の後、「さぁ、好きなだけ食べてね。たくさん作ったのよ」というサラの声。それを合図に、

料理がたっぷり盛られた大皿が回される。とろりとして柔らかく、やさしい塩味の卵料理と、しっかりした歯ごたえの鶏肉をたっぷり使ったフリカッセ。ぽってり練り上げられたマッシュポテトとコクのあるグレービーソースは熱々で、きりりと冷えたアップルソースとコールスローサラダが格好の口直しになっている。

ゲストを含めた七人の大人たちは、よもやま話に花を咲かせ、時折、ゲストが子どもたちに、学校の様子や毎日の暮らしぶりを尋ねながら、にぎやかな食卓で、にぎやかに食事が進められる。初め緊張気味だったゲストたちは、アットホームな雰囲気にすっかりくつろいだ様子で、サラが運んできたアイスクリームに、「それも手作りなの?」と尋ねている。「残念! これは、工場の機械の手作りよ」とサラ。温かい笑いが起きる。

デザートを食べ終えると、子どもたちは二階に上がり、食卓では和やかなおしゃべりが続いている。話が途切れた時、サラが戸棚を開けて、ハーモニカを手にした。エプロンの端で、全体をキュキュッと拭いてから、口に当てる。頬をふくらませたりすぼめたりしながら、時には軽快に、時には余韻を込めて音を奏でていく。その音に引きつけられるように、子どもたちが二階から降りてきた。ハーモニカに合わせて、家族が歌詞を口ずさんでいる。年かさの女の子が、紫色の表紙の分厚い本をテーブルに置いた。「マウンテン・ローレル・エコーズ(Mountain Laurel Echoes)」。古い曲から新しい曲まで、六〇〇曲近くが収められている賛美歌集だという。ハーモニカが新しい曲を奏で始めた。

「What a friend we have in Jesus……」

よく歌われる賛美歌だ。ゲストも声を合わせる。最後の一節を歌い終えると、どの顔も、ランプの灯に照らされて明るく映え、瞳には穏やかな光をたたえている。

「アーミッシュの人たちは、楽器の演奏を禁じられているのではないの？」

と、リンダが遠慮がちに尋ねた。

「私の教区だけでなく、ハーモニカが許可されている教区は多いよ。こうして家族や親戚、友人が集まる時に、ハーモニカの伴奏で歌うのはいいものさ。声を合わせると、心もひとつになる気がしてね」

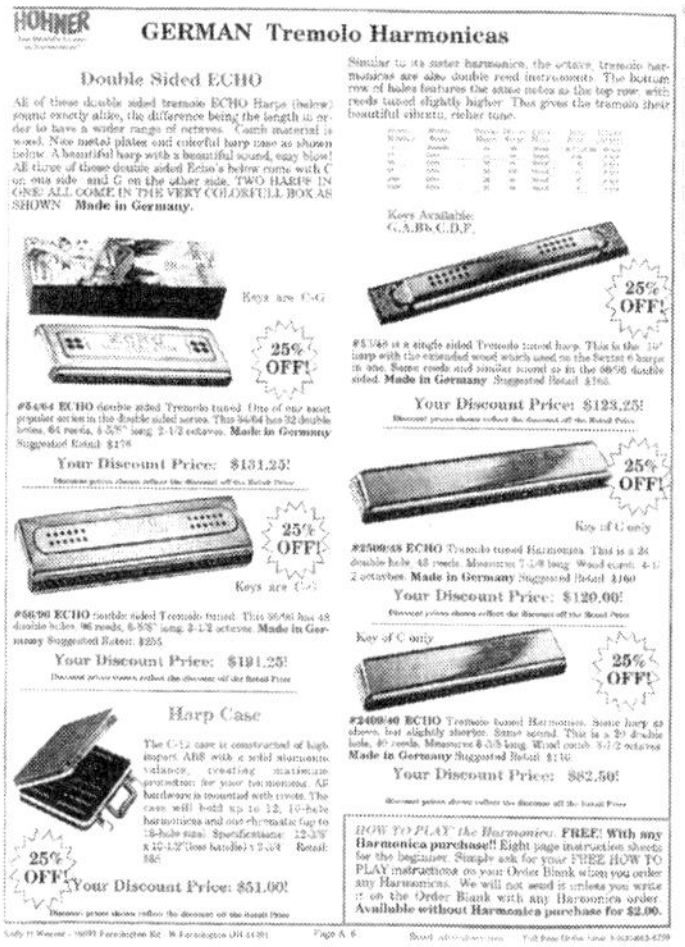

ハーモニカの広告がアーミッシュ向けの農機具や家庭用品のパンフレットにはよく掲載されている

とジョンが答える。

「私たちが教会で歌う賛美歌も歌うのね。アーミッシュの賛美歌は、一八世紀に歌われていた、単調なリズムのものだと思っていたわ」

リンダがそう言うと、ジョンが、ほぼ一音か二音の平坦な調べを口ずさんだ。

「こういう賛美歌を歌うのは、主に礼拝の時。ふだんは、この『マウンテン・ローレル・エコーズ』の中の曲がほとんどだよ」

頬を紅潮させたハーディング氏が、はずんだ声で言った。

「ハーモニカの音色を久しぶりに聞いたよ。子どもの頃、よく吹いていたものさ。友だちと合奏したこともあったなあ。ちょっともの悲しい曲も、元気のいい行進曲も、これ一本で自由自在。それにしても、サラはハーモニカの名手だね」

子どもたちが嬉しそうにうなずく。末っ子のダニエルが、得意げに言う。

「おばあちゃんのハーモニカ、最高だよ。誰かが、始めのところをちょっと歌うだけで、どんな曲も吹けちゃうんだから」

「いま街で流行っている曲は吹けないけどね」

とサラ。柔らかな笑いが広がる。その余韻の中で、ハーディング氏がつぶやいた。

「昔を思い出したよ。私が子どもの頃はテレビがなかったからね、早めの夕食を済ませたら、兄弟でボードゲームをしたり木を削っておもちゃを作ったりしていたなあ」

「私もなんだかタイムスリップしたような気がしたわ。二番目の兄は歌が好きで、ビーチボーイズやベン・E・キングの曲をよく歌っていたわ。兄が流行歌を歌い出すと、ふだんはいつもニコニコしている祖母はしかめっ面。そういう時、一番上の兄がハーモニカを取り出して賛美歌を吹き出すの。二番目の兄は、最初ちっと舌打ちするんだけど、結局一緒に歌うのよね。父と母、ほかのきょうだいたちも集まってきて、みんなで合唱。何曲か歌い終えると、誰からともなく『ありがとう』と言い合ったわ」

とハーディング夫人。ジョンもサラも笑顔でうなずいている。リンダが口を開いた。

「すてきな話ね。うらやましいわ。子どもの頃から祖父母や親戚に会うのは、年に一、二度あるかないかだったわ。別に仲が悪かったわけではないの。会う必要がなかっただけ。そう思っていたけれど、祖父母や親戚は、必要だから会うものではないのね。久しぶりに両親に会いたくなったわ」

「行っておあげ。親は子どもの顔を見るだけでうれしいんだよ」

サラの言葉に、ハーディング夫妻も深くうなずく。

「さて、そろそろ失礼しようかね」

ハーディング氏の言葉をきっかけに、ゲストたちが帰り支度を始めた。お礼の言葉、握手、そしてハグ。互いに別れを惜しみながら、それぞれの日常に戻って行った。

「もう八時。真っ暗だね。ここら辺りは街灯がないから、慣れていない人には運転しづらいのよ。タイヤが、道路と畑の間の溝にはまっていないといいんだけど」

洗いものをしながら、サラがつぶやく。部屋に置かれたガスランプが辺りを明るく照らしている。

「今日もいい時間だった。私の料理をおいしいと言って食べてくれる人たちがいて、いろいろな話ができて。メニューを考えるのも楽しいものよ。旬の食材を使うのはもちろんだけど、ゲストの年齢も考えながら献立を考えるのもいい時間だわ」

「アーミッシュのイメージから、堅苦しいディナーを想像している人も多いようだけど、そんなこと、まったくないのよ。私たちアーミッシュも同じ人間。欲もあれば嫉妬もする。子どもは反抗するし、親はいくつになっても、子どものことを心配する。離婚することは禁じられているけれど、うまくいかない夫婦もいる。そして私たちのコミュニティーも、完全じゃないわ。いさかいはあるし、些細なことできまずい間柄になることだってある。もちろん、そんな込み入った話はしないけれど、アーミッシュは特別な人たちじゃない、とゲストが気づいてくれれば、そこから人間同士の会話が始まるんだと思うわ」

――人間同士の会話?

「そう。人として分かり合えること。たとえ信じるものや住む場所が違っていてもね」

ジョンが会話に加わった。

「まじめで、堅苦しい。古い時代の遺物、骨董品。アーミッシュは、そういうイメージを持たれているようだね」

「天気のいい日は、表で仕事をすることが多いんだ。裏庭で野菜を作ったり農具の手入れをしたり。ほかにも、家の修繕や薪割り。やることは山のようにある。観光シーズンには、車が日に何台も通りかかるんだが、彼らは車を停めて、珍しいものを見るように、私たちを眺めているよ。動物園に動物たちを見に来たみたいにね。『やぁ』と挨拶すると、一様に驚いた顔をするんだ。檻の中のゴリラがしゃべったと言わんばかりにね」

サラがぷっと吹き出した。

「でも、車の窓から顔を出したり、車から降りて歩き回ったりしている人たちを見て、私も楽しんでいるよ。まるで移動動物園のようだってね」

ジョンは、片目をつぶって、いたずらっぽく笑った。

——ゲストとの会話で、驚いたことはある？

「あぁ、あるよ。『今でも、バンドリングが行われているのか』と聞かれた時には驚いたね」

——バンドリング？

「一九〇〇年ごろまで行われていた古い習慣なんだ。若い恋人たちが、服を着たまま同じベッドで一晩過ごすというもので、ふたりを隔てる『バンドリング・ボード』という板を使うこともあったらしい。あちこちの教区が『バンドリング』を禁止するようになって急速に廃れていったから、私も若い時に聞いたことがあるという程度なんだ。今の若い人は、その言葉も知らないと思うよ。尋ねたのは中年の女性だったが、なぜ『バンドリング』を知っているのだろうとふしぎに思ったし、私たちが古い時代の化石に思われているようで、ちょっと複雑な気がしたよ」

## アーミッシュ自身はどう考える？　「観光立国」への賛否

近年、右肩上がりに進展するツーリズムだが、眉をひそめるアーミッシュが多いことも事実である。一九七〇年代の後半以降、地価の高騰と税金や物価の上昇によって、ある者は農地を買う費用を貯めるために、またある者は家計の不足分を補うために、サイドビジネスを始めたり、ショップやレストランで働き始めたりした。しかしアーミッシュ人気が高まるにつれて、非アーミッシュの実業家や開発業者が土地を買い上げて、「アーミッシュブランド」を売りものにしたホテルやレストラン、ショップなどを相次いで開業させていった。その結果、地価がさらに上昇し、アーミッシュの農地取得はさらに遠のき、課税額と物価がさらに上昇するという皮肉な結果になったのである。

オハイオ州シュガークリークに本社を置くバジェット社（Budget）が発行する週刊新聞「バジェット（The Budget）」は、一八九〇年の創刊以来、全米のアーミッシュとメノナイトに、コミュニティーの情報や日々の暮らしに必要な情報を提供し続けてきた。投書欄も設けられており、多様な年代の人たちが、日々の暮らしの中で感じたことや疑問に思ったことを書きつづっているが、ツーリズムの是非に関する投書を見かけることが多い。

「アーミッシュキルト、アーミッシュ風レストランなど、たとえアーミッシュが関わっていなくても、『アーミッシュ』という名を使えば集客が見込めることを業者は知っている。それを野放しにしておくこともよくないが、もっと問題なのは、アーミッシュ自身が『アーミッシュ』の名を宣伝に利用していることだ。自宅の入り口に作った野菜の直売所には『アーミッシュの農場から』と書いた大きな看板を立て、観光客を馬車に乗せて記念撮影に応じ、お金を受け取る。私たちは、外の世界の人たちに見せるショーのためにこのような服装をしているわけではないし、私たちの暮らしはショーの舞台ではない。宗教を商売に利用するのはいかがなものか」

初のアーミッシュ観光のパンフレット（1940年）

「私たちは、副業が本当に必要かを自分自身に問うべきだ。農業を続けるため、あるいは生活費を稼ぐための副業はやむを得ないが、それ以外の場合は失うものの方が多い。お金は大切なものだが、悪魔の手先。経済的に豊かになり過ぎると、正しいものを見る目が曇ってしまう。そして、そのような親を見て育つ子どもたちの目も曇らせてしまうのだ」

「家具、工芸品、保存食や焼き菓子など、私たちの作るものが評価されているが、その誉れを、私たちが金銭で受け取ってよいものだろうか。私たちに、その才能と、活かす機会を与えてくれた神こそが、称讃されるべきだろう。私たちは、このことを謙虚に受け止めなくてはいけない」


このように、ツーリズムの拡大に対して否定的な意見がある一方で、

「私たちは確かに、ぜいたくで軽薄な外の世界のライフスタイルが求めるままに、商品を提供しているかもしれない。しかしそれによって、外の世界の人たちを幸せな気持ちにし、励ますことができるなら、私たちは彼らの『友』になったといえるのではないか」

「アーミッシュ観光をきっかけに、非キリスト者がキリスト教に興味をもったり、名ばかりのクリスチャンが再び信仰に目を向けたりすることがあれば、それこそが神の御意ではないか。ペテロへの第一の手紙3節15章に、『そして、あなたがたのうちにある希望について、説明を求める人には、だれにでもいつでも弁明できる用意をしていなさい』と書かれているように、私たちには、自分たちが大切にしていることを求める人に伝える使命が課せられているのではないだろうか」

という擁護派も多い。


私たちを取り巻く環境は、年々歳々変化している。その渦の中にいる私たちは、気づかぬま

ま、それに呑まれ、ある時ふと、まわりとの齟齬にとまどう自分に気づく。アーミッシュも私たち同様、時代の変化にさらされているが、その流れに飲み込まれないよう意識しつつ、環境に合わせて保護色をまとい、場合によっては一般社会と似たかたちに擬態しながら、時代の波を乗りこなしている。その姿に「アーミッシュは時代に迎合している」と言われることも少なくないが、決してそうではない。ツーリズムへの賛否についても、その論拠が「クリスチャンとして、アーミッシュとしての生き方に照らして、望ましいか否か」であるように、彼らは、盤石の信念を持ちながら、時代の変化に合わせた生き方を模索している。まさに、「和して同ぜず」なのである。

### 持てる者は持たざる者に　アーミッシュの富の再分配と助け合い

ツーリズムの進展に伴い、ビジネスを成功させて多額の収入を得ているアーミッシュも少なからずいる。しかし彼らは富を手にしても、高価な宝飾品を買ったり、世界一周の豪華クルーズに出かけたりするわけではない。土地の買い増しや、ビジネスの設備投資などに費やすほか、年二回、春と秋に教区で行われる聖餐式後の寄付に、かなりの額を拠出する。その額は寄付者に委ねられており、誰が、どれだけ寄付したかを公表されることもない。寄付金はストックされ、くじによって選出された、司祭、説教者、執事という教区の三役、特に執事が中心となって管理し、病気や怪我などで働けなくなった人や収入の少ない高齢者の生活費として、あるいは多額の医療費にあえぐ家族に補助金として支払われる。また教区全体の福祉にも使われている。

当時のローマカトリック教会と国家権力による厳しい迫害にさらされ、命からがらアメリカに逃れてきた再洗礼派の人たち。その記憶を今につなぐアーミッシュは、国家と一線を画した生き方をモットーに、政府の公的年金制度であるソーシャルセキュリティーに加入しないので、社会保障制度の恩恵を被らない。しかし、それに代わるものが教会の寄付制度なのである。

資本主義国家における富の再分配システムは、累進課税によって徴収された富裕層の所得を、社会保障、公共事業という形で経済的に恵まれない人たちに分配するものである。アーミッシュの場合、収入に応じた寄付額が決められているわけではなく、各個人の判断に任されている。それにもかかわらず、富の再分配が円滑に行われていることは驚くべきことだといえる。さらに高額の医療費の支払いなど教会からの補助金だけでは足りない場合、バザーが開かれたり、「バジェット」を通して寄付を募ったりする。

アーミッシュの父祖たちは、ヨーロッパでの苦難の歴史の中で、助け合い、肩を寄せ合いながら生き延びてきた。そこで培われた助け合いの精神が、アーミッシュの伝統として今も深く根を下ろしているのである。それは金銭面の助け合いだけでなく、日常生活のあらゆる場面に浸透している。病気や怪我、あるいは急な用事で家を空けざるを得ない隣人がいれば、親戚や仲間たちが入れ替わり立ち替わり畑や家畜小屋にやって来て、農作業を代行するし、結婚式や葬儀などの際には、遠く離れた教区に住む親戚が、その教区のメンバーと一緒に手伝いに駆けつける。

また納屋作り（Barn Raising）も助け合いの一環である。前述したように、アーミッシュにとって納屋はなくてはならないものなので、とにかく早く、しかも頑丈に作らなければならない。丸太を削って柱にしたり、そこに材木同士を接合するためのほぞとほぞ穴を刻んだりする準備期間を経て、当日、実際に組立作業を行うのだが、準備を始めてからわずか一週間あまりで完成させてしまう。近隣の教区から駆けつけた助っ人も加わった、多くの人たちの熱意と協力の賜である。女性たちは、作業に直接携わらないが、食事と飲み物の準備、手を洗う場所や休憩場所の確保などの形で後方支援を行っている。

このようなアーミッシュの徹底した助け合いの精神と行動は、私たちを驚嘆させ、時には「なぜ、そこまでするのか」という疑問さえ生じさせる。しかし彼らにとって、助け合いはごく自然なことなのである。

納屋作りを数日後に控え、建設予定現場で材木にほぞとほぞ穴を刻んでいた、あるアーミッシュの男性はこう言う。

「互いに助け合うのは当たり前のことさ。私たち一人ひとりは『小さき者』に過ぎないのだから。子供の頃から、両親や祖父母が、『牛が高く売れたから、秋の聖餐式にはお金を多めに出せる』とうれしそうな顔で話しているのを見てきたし、ふだんから、お互いに助けたり助けられたりしているから、特別なことだなんて思ったことがないよ」

するとその脇でほぞ穴にヤスリをかけていた別の男性も、

「お互いさまさ。いつ、誰が、どのような状況になるかわからない。そう考えると、今困っている人は、明日の私かもしれないんだよ」

と言う。

ローマ人への手紙15章1節には、「私たち力のある者は、力のない人たちの弱さをになうべきであって自分だけを喜ばせてはならない」、そして二節には「私たち一人ひとりは、隣人の徳を高めるためにその益を図って彼らを喜ばせるべきである」と書かれている。このような聖書の言葉に依るまでもなく、アーミッシュの助け合いは、ごく自然に行われており、互いに助けたり助けられたりするなかで、思いやりと感謝の気持ちが醸成され、周囲に伝播し、そして次世代に受け継がれていく。これもアーミッシュの「文化」のひとつなのである。

# 非日常を楽しむ　アーミッシュの愉しみ、いま昔

## 地域フェスティバル　昔日の愉しみ

　厳格な服装の規定を設け、電気を使わず、現代の便利な発明品の利用を厳しく制限しているアーミッシュの暮らしは、「楽しみ」から遠いところにあり、楽しむことを否定しているとさえ思われがちである。しかしそれは、発展し続ける現代文明の中で、物質的な豊かさに囲まれて生きている私たちの価値観に基づく見方にすぎない。アーミッシュの日常生活を規定するオルドヌングは、アーミッシュの存在とその文化の存続を最大の目的にしている。「自由」な生き方を最重要視する私たち現代人には窮屈でストイックに映っても、彼らは決して楽しむことを否定しているわけではない。

アーミッシュの日常にも、たくさんの楽しみがある。ふだんの仕事や家事の中に、小さな楽しみと喜びがたくさん潜んでいることは私たちもよく知っているが、彼らは日常の仕事を通して家族や親戚、気のおけない仲間たちと親しく交流することに大きな価値と喜びを見出している。電気を使わない暮らしが、人と直接コミュニケーションをとる機会を増やし、そのよさを実感させるのだろう。納屋作りや結婚式など大がかりなイベント以外にも、キルトの会、親戚や友人たちとの食事会など、大小さまざまな集まりが頻繁に開かれ、皆が世代を超えた親交を深めている。

このような日常とその延長の中で生まれる楽しみだけでなく、私たちは時に非日常の中で遊び、愉しむ。多くの人々にとって、かつての非日常の楽しみは地域のフェスティバル、つまり祭りであった。祭りは、もともとその地域で生まれ、地域共同体によって伝承されてきたものである。世界中で行われている祭りは、その多くが宗教的儀式と収穫などの農事に端を発している。そこでは老いも若きも、静かな日常から離れて喧騒を楽しみ、幸せを祈願し、時には羽目を外して喜びを爆発させる。アーミッシュにとっても、かつては祭り、つまりフェスティバルが非日常の最たるものであった。

アーミッシュが多く暮らすペンシルバニア、オハイオ、インディアナの各州でも、アメリカの他の地域同様、一九八〇年代半ばまで、各地で地域フェスティバルが開かれていた。そこで

地域フェスティバルでの
アーミッシュの結婚式

上：1971 年のカッツタウン地域フェスティバルのパンフレット
右：アーミッシュ音楽劇『神に集う人々』のチラシ

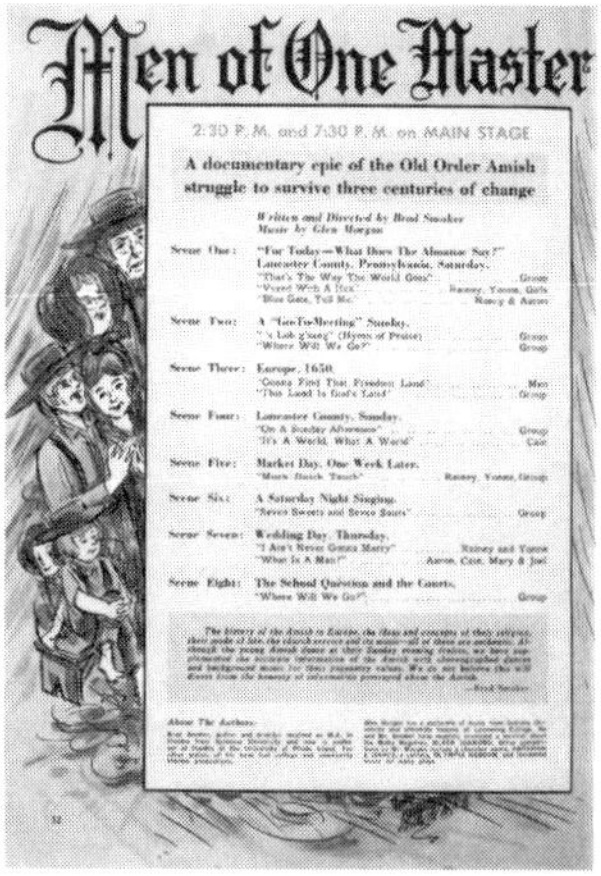
Men of One Master

2:30 P. M. and 7:30 P. M. on MAIN STAGE

A documentary epic of the Old Order Amish struggle to survive three centuries of change

Written and Directed by Brad Smoker
Music by Glen Morgan

Scene One: "For Today—What Does The Almanac Say?"
Lancaster County, Pennsylvania, Saturday.
"That's The Way The World Goes" ... Group

Scene Two: A "Go-To-Meeting" Sunday.
"Where Will We Go?" ... Group

Scene Three: Europe, 1650.
"Gonna Find That Freedom Land" ... Men
"This Land Is God's Land" ... Group

Scene Four: Lancaster County, Sunday.
"On A Sunday Afternoon" ... Group
"It's A World, What A World" ... Cate

Scene Five: Market Day, One Week Later.

Scene Six: A Saturday Night Singing.
"Seven Sweets and Seven Sours" ... Group

Scene Seven: Wedding Day, Thursday.
"I Ain't Never Gonna Marry" ... Rainey and Yonne
"What Is A Man?" ... Aaron, Cate, Mary & Joel

Scene Eight: The School Question and the Courts.
"Where Will We Go?" ... Group

About The Authors:

左：音楽劇に家族役で出演したアーミッシュ

は、アーミッシュ、非アーミッシュを問わず多くの人々が模擬店を出し、パフォーマンスを披露し、そして客として買い物や演し物《だ》し物を楽しんだ。また「干し草の中で宝さがし」や「干し草のかくれんぼ」などのゲームが行われ、子牛や子豚とのふれあいコーナーが設けられるなど子どもが楽しめる企画も多く、家族で楽しめる場であった。大規模なフェスティバルは、近隣の町や村からも多くの客が集まるので、大きな経済効果も期待できた。アーミッシュも独自の文化を披露するだけでなく、ふだん触れる機会のないバンド演奏に耳を傾けたり、スクエアダンスやフォークダンスに興じたりした。彼らにとってフェスティバルは、まさに非日常の場だったのである。

一九七一年七月三日から十日まで、八日間にわたって、ペンシルバニア州カッツタウンで開かれたフェスティバルのプログラムと記録を見ると、ゴスペルシンガーによるソロコンサートやガラス工芸の実演、一八七〇年代に作られた有人気球飛行の再現アトラクションなどに交じって、キルト、木工品、石鹸などの実演販売、羊の毛刈り、豚の解体、模擬店でのアーミッシュ料理の提供、お土産品コーナーでの焼き菓子の販売など、アーミッシュもさまざまな形で参加している。

アーミッシュの伝統行事のひとつ、納屋作りは、午後〇時半からと午後五時半からの二回行われ、アーミッシュの男性陣が総出で、わずか数時間で大型の納屋を完成させて、観客の喝采を浴びたという。また、アーミッシュの結婚式を再現するパフォーマンスが行われたほか、会

1974年のカッツタウン
地域フェスティバルのパンフレット

左：『変わらぬままで』の一場面

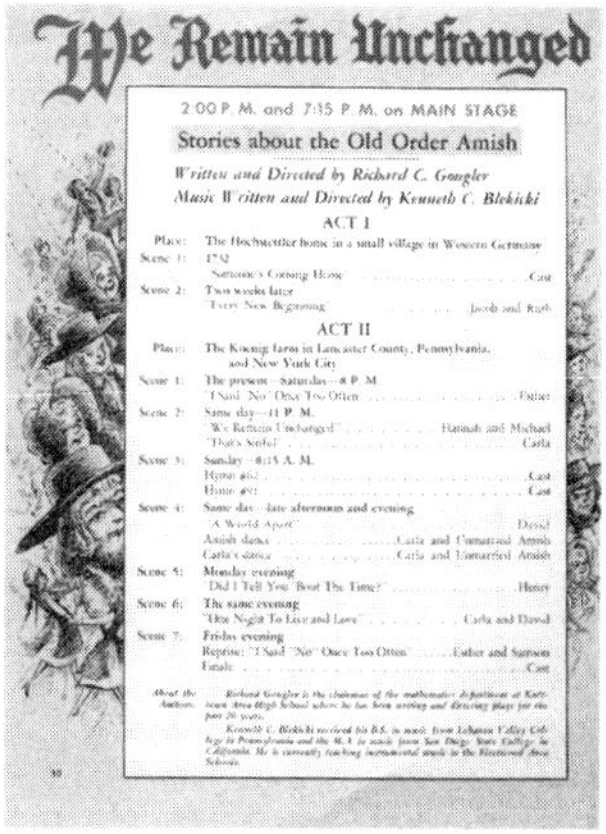

We Remain Unchanged

2:00 P. M. and 7:15 P. M. on MAIN STAGE

Stories about the Old Order Amish

*Written and Directed by Richard C. Gougler*
*Music Written and Directed by Kenneth C. Blekicki*

ACT I

Place: The Hochstettler home in a small village in Western Germany
Scene 1: 1752
"Someone's Coming Home" .......... Cast
Scene 2: Two weeks later
"Every New Beginning" .......... Jacob and Ruth

ACT II

Place: The Koenig farm in Lancaster County, Pennsylvania, and New York City
Scene 1: The present—Saturday—8 P. M.
"I Said 'No' Once Too Often" .......... Esther
Scene 2: Same day—11 P. M.
"We Remain Unchanged" .......... Hannah and Michael
"That's Sinful" .......... Carla
Scene 3: Sunday—8:15 A. M.
Hymn #62 .......... Cast
Hymn #81 .......... Cast
Scene 4: Same day—late afternoon and evening
"A World Apart" .......... David
Amish dance .......... Carla and Unmarried Amish
Carla's dance .......... Carla and Unmarried Amish
Scene 5: Monday evening
"Did I Tell You 'Bout The Time?" .......... Henry
Scene 6: The same evening
"One Night To Live and Love" .......... Carla and David
Scene 7: Friday evening
Reprise: "I Said 'No' Once Too Often" .......... Esther and Samson
Finale .......... Cast

アーミッシュ音楽劇『変わらぬままで』のチラシ

左：『変わらぬままで』の作者リチャード・グーグラー
と子役たち。グーグラーは地元の高校の教師だった

場のメインステージでは、午後二時半と七時半の二回、「神に集う人々・オールド・オーダー・アーミッシュの生き残りをかけた三〇〇年にわたる闘い」という題名の音楽劇が披露された。八幕から成るこの劇の出演者はすべてアーミッシュ。当時ロードアイランド大学で演劇学を教えていたブラッド・スモーカー教授が脚本と監督を務め、ヨーロッパから移住するに至ったアーミッシュの歴史を皮切りに、彼らの日常が、賛美歌を交えた歌と語りで構成されている。一回一時間四十五分という長丁場にもかかわらず、多くの立ち見客がでるほど盛況だったという。

フェスティバルに向けての準備と八日間にわたる開催期間中のパフォーマンス、そして「外の世界」との関わりは、多くのアーミッシュにとって非日常の楽しさを味わう機会であったに違いない。特に、キルトをはじめとする実演販売のコーナーや模擬店では、多くの高齢者が生き生きと活動する様子が写真や絵に収められており、結婚式や劇などのパフォーマンスにも、高齢者を含む多くのアーミッシュが出演している。また子どもたちも、見学と飲食に時間を費やすだけでなく、さまざまな体験型アクティビティーを楽しみ、時には、劇やパフォーマンスに子役として出演した。

しかし、開発による都市化の進展によって、このような地域に根ざしたフェスティバルは消滅したり、大きな変容を遂げたりした。カッツタウンの地域フェスティバルは、地域に支店をもつ全米規模のモーテル、ホームセンター、ファストフードなどの各種企業のほか、ケーブルテレビネットワークや地元企業など八〇社以上とスポンサー契約を結び、多種多様なアトラクションや模擬店が軒を連ねる大規模なイベントになった。二〇一九年六月二十九日から七月五日にかけて行われた第七一回フェスティバルは、入場料おとな一四ドル。二四ドルを払えば、九日間の会期中、自由に入退場できるパスを買うことができる。アーミッシュも含めてペンシルバニア州で移民当時の文化を受け継ぐ人々を表す語、「ペンシルバニア・ダッチ」の文字を随所で見かけるが、アーミッシュの姿はない。アーミッシュの納屋作りと結婚式の実演、そしてアーミッシュの出演者によるアーミッシュをテーマにした劇の上演にしても、毎年超満員で立錐の余地もないほどだったが、一九八〇年代までには姿を消してしまった。地域の文化祭が、都市化の波をかぶり、商業主義に席巻されてしまった感は否めないが、ペンシルバニア州の州都ハリスバーグから直線距離で約一〇〇km、人口およそ五、〇〇〇人の小さな町の経済効果を考えると、やむを得ないのだろう。

カッツタウンの地域フェスティバルからアーミッシュの姿が消えた理由として、著しい商業化によってフェスティバルが本来の意義を見失い、形骸化したことが挙げられる。アーミッシュ社会を維持し、次世代に引き継ぐことを第一義に考えている彼らは、そのようなフェスティバルの現状に魅力を感じないばかりでなく、若い世代への悪影響を懸念し、参加を自粛したのだろう。これはカッツタウンに限ったことではないと考えると、「今」のアーミッシュは、どのような非日常を楽しんでいるのだろうか。

アーミッシュの社会でもグローバル化が進んでいる。これは世界の国や地域とのつながりが進んでいるのではなく、アーミッシュが一般のアメリカ社会とのつながりを広げつつあるという意味である。ツーリズムやビジネス面でのアーミッシュ版グローバル化は、早くからある程度進展してきたが、移動手段が馬車に限られていたので、彼らは物理的にアーミッシュの「垣根」を越えることができなかった。

車の所有と運転の禁止は変わらないが、近年、バス、列車、または通称「アーミッシュタクシー」での移動を許可する教区が急増した。アーミッシュタクシーとは、アーミッシュをサポートするために近隣の非アーミッシュが運転手を務める「白タク」である。このような移動手段の制限緩和によって、アーミッシュの行動範囲は大きく広がり、老若を問わず市街地や観光地で楽しむアーミッシュの姿を目にするようになった。

オハイオ州の州都コロンバスにあるオハイオ歴史センター（Ohio History Center）やモンゴメリー郡のドイツ村（Germantown）更にはエリー湖近くのサンダスキーにある大遊園地シーダー・ポイント（Cedar Point）などでも、時折子ども連れのアーミッシュの姿を見かける。着替えやミルクが入っていると思しき大きなバッグを肩にかけ、ベビーカーを押し、上の子どもたちの手を引きながら歩く若い家族の姿は、時代が変わったことだけでなく、アーミッシュの柔軟性を実感させる。

また、オハイオ州コロンバスやクリーブランド、あるいはペンシルバニア州ピッツバーグやフィラデルフィアなどの大きな街で、アーミッシュの年配の夫婦や女性グループの姿を見かけることもある。彼らの独特の服装に目を留める人もいるが、そのような好奇の眼をまったく意に介さず、彼らは家庭用品の店や大きな手芸洋品店で熱心に品定めし、デニーズやボブ・エヴァンスなど気軽に入れるダイナーでランチを楽しんでいる。

ケイティ・ストルツフスもその一人である。

「半年に一度ぐらいかしら、キルトの材料や毛糸を買いに行くの。このあたりのお店とは比べものにならないぐらいの品揃えだから、一日いても飽きないわ。でもそうはいかないのよ。家事と牛の世話があるから。午後三時半にアーミッシュタクシーに迎えに来てもらうことが多いわね」

「アーミッシュタクシーは、一人で乗っても何人かで乗っても値段は同じ。だから定員まで乗れば、安く済むでしょう。知り合いに声をかけるんだけど、すぐ集まるわ」

――アーミッシュは変わった?

「そうね、昔は考えられなかったわね。でも私たちが変わったわけではないわ。アーミッシュはアーミッシュ。楽しみ方が少し変わった、というより広がっただけね」

日常と非日常は、ともに集団型と個人型に分けられる。そして私たちは、そのなかに喜びや楽しみを見出して生きている。つまり、所属する組織や集団の一員としての、また個人としての日常に潜む小さな喜びを味わい、祭りに代表される集団型非日常に身を置くことで、スケールの大きな充実感を堪能することができる。また個人型非日常は、日頃の疲れを癒し、気分をリフレッシュさせてくれる大切な時間である。しかし近年、個人主義的傾向が強まるにつれて、私たちの社会では日常、非日常を問わず集団型に魅力を感じない人たちが増えつつある。

アーミッシュの結婚式や納屋作り、保存食作り、キルティング・ビーなどの行事は、日常の場で行われる非日常であることから、集団型の日常と非日常、両方の性格をあわせ持っている。そのため、彼らはこれらの行事を通して仲間との連帯感を強め、大きな達成感を味わうことができるのである。また最近、家族や近しい人たちと遠出を楽しむようになったことで、個人型非日常も存分に楽しんでいる。このように、アーミッシュの暮らしには、集団としての楽しみと個人の楽しみがバランスよく配されている。このことが個々のアーミッシュの充実感につながり、アーミッシュ社会への帰属意識を強め、ひいてはアーミッシュ社会の存続につながるのであろう。

楽しい夕食

## アーミッシュ・スノーバード　フロリダへ

多くのアーミッシュが暮らすペンシルバニア、オハイオ、インディアナなどのアメリカ北部は、夏は暑く晴天の日が多いが、冬は寒さが厳しく、陽の光を眼にする機会も少ない。十一月半ばにはみぞれ混じりの雪が降り始め、翌年の三月初めまで、日中の最低気温の平均がマイナス八℃、最高気温が〇℃以下の真冬日も珍しくない。この寒さが、高齢者の大敵であることは言うまでもない。特に持病がなくても、室内外の寒暖差は心臓疾患や脳血管障害を引き起こすし、冷えが体のあちこちの痛みの原因にもなる。また、日中の気温が上がらないので、降った雪や雨が凍りつき、転倒のリスクが高まる。

パインクラフトに到着した「アーミッシュ・スノーバード」たち

アーミッシュ・スノーバード（Amish snowbird）。フロリダ州パインクラフトで冬を過ごすアーミッシュは、こう呼ばれる。パインクラフトは、フロリダ半島の南西部に位置し、真冬でも、最低気温が一〇℃を下回ることはほとんどない。この地で冬を過ごすアーミッシュは、年間七〇〇〇人とも八〇〇〇人とも言われており、その大半が高齢者である。滞在期間は、短くても二週間前後。多くは、十一月末から三月初めまでの約三ヶ月間をパインクラフトで過ごす。

彼らは、大型バスでフロリダにやってくる。馬車で行ける距離ではないし、航空機の利用が教区で許可されていても、バスを使えば運賃が半分程度で済む。アムトラック（全米規模の旅客鉄道ネットワーク）も運賃は大型バス並みだが、駅の数が非常に少ないのが難点である。日本の国土面積のおよそ三分の一の面積を有するオハイオ州でも、アムトラックの駅はわずか七駅のみ。アーミッシュが多く暮らす地域から最寄りの駅まで、車に三時間以上揺られ、そこからパインクラフトの最寄り駅、タンパ・ユニオン駅まで鉄道で二八時間。さらにバスに乗り換えてパインクラフトまで一時間以上かかる。大型バスなら、オハイオまたはペンシルバニアの自宅近くの停留所から約二〇時間でパインクラフトに到着する。運賃は、片道一五〇ドル前後だが、往復で買うと、少し割引がきいて二七〇ドルほどである。

ペンシルバニア、オハイオ、インディアナの各州では、複数のバス会社が、地元発着の定期バスを運行している。月曜の午前に出発して火曜日の午後にパインクラフトに着いたバスは、水曜日に帰りの客を乗せて木曜日に帰り着く。アーミッシュの週刊新聞『バジェット』には、夏の終わり頃から、各バス会社の「フロリダはあなたのお帰りを待っています」「お帰りなさい、フロリダへ！」などのキャッチコピーが躍り、シートの快適さやトイレ設備の充実ぶりがPRされている。

二〇一二年四月発行のニューヨークタイムズ誌に、「アーミッシュ・スノーバードの『巣』」なる記事が掲載された。記者がオハイオ州からパインクラフト行きのバスに同乗し、現地で数日滞在して見聞きしたことをまとめたものである。「ある日の午後、オハイオ州を出発したバスの乗客は、大半が年配の人たちで、隣近所の友人同士や兄弟姉妹がほとんどだ。……映画や音楽といったエンターテインメントの代わりは、おしゃべりとジョーク。誰かのジョークがまわりの乗客の笑いを誘い、コミュニケーションの輪が広がっていく」と記されている。バスは、数ヶ所の停留所を経由する場合もあるので、長時間のバス旅の間、乗り合わせた乗客同士が親しくなるのは容易に想像できる。

再会を喜び合う

「一一二二マイルに及ぶバス旅の終着点は、パインクラフトの小さな教会の駐車場だ。照りつける太陽のもと、三〇〇人ほどのアーミッシュがゆっくり入ってくるバスを出迎えた。バスの到着は、パインクラフトにいるアーミッシュにとって、コミュニティー行事のひとつになっているらしい」。記事にはこう書かれているが、最近はバスの本数が増えたため、街の中心部からほど近いところにある、かつての郵便局前にある大きな駐車場が、バスの発着場になっている。駐車場の一角には、切手類の販売も行っている小さなカフェがあり、バスの到着を待つ人、待ち合わせる人、長旅に備えて、テイクアウトのサンドイッチを買う人などで、日がな一日混雑している。

バスの到着に合わせて、出迎えのアーミッシュが、続々と集まってくる。圧倒的に高齢者が多い。「三〇〇人」もいるとは思えないが、それでもかなりの人数である。到着した家族や友人たちの荷物を運ぶつもりだろう、大きな荷台を取りつけた自転車にまたがっている人の姿も多く見られる。事前に予約すれば、非アーミッシュが電動カートで迎えに来てくれるサービスが利用できるほか、最近はウーバー（Uber・スマートフォンのアプリを使って、配車から支払いまでを行うことができる個人タクシー）を使う人たちも増えている。

バスのステップを降りてくる乗客たちの顔は、長いバス旅の疲れが見えるものの、一様に晴れやかだ。荷物を受け取ると、迎えの親戚や友人たちと再会を喜び合い、何人か連れ立って、それぞれ契約しているバンガローやレンタルアパートに三々五々、散っていく。

アーミッシュはなぜ、フロリダのパインクラフトを避寒地に選んだのだろうか。「きっかけは、働き者の数家族だったのよ」と教えてくれたのは、パインクラフトで四五年以上続く、家族経営の「ヨーダー・レストラン・アンド・アーミッシュ・ビレッジ」で働くアマンダだ。

通称「ヨーダーの店（Yoder's）」と呼ばれるこの店は、インディアナ州ナパニー出身のヨーダー夫妻が、一九七五年にパインクラフトにオープンした小さなレストランに端を発する。レストランが軌道にのると、夫妻は規模を拡大し、さらにスーパーマーケットやお惣菜の店、ギフトショップを次々にオープンしていった。この事業拡大の背景にあるのが、アーミッシュ・スノーバードの存在である。

ヨーダー・レストラン

「ここパインクラフトは、一九二五年ごろ、キャンプ場としてスタートしたところなの。当時、一区画一五〇㎡ほどの広さのキャンプ場が、四五〇区画以上も並んでいたそうよ。海に近いし、暖かいから、次第に別荘や住宅が建つようになり、一九五〇年頃からその数がどんどん増えていったと聞いているわ」

「初めてアーミッシュがここにやって来たのは、一九七〇年頃らしいけれど、正確な年はわからないわ。毎年、数家族が、パインクラフトから八マイルほど内陸に入ったところにあるフルーツヴィルという村にやって来て、冬の間、畑を借りて農作物を作っていたのですって。北部は、寒いし雪が多いから、畑仕事はできないけれど、ただじっとしているのはもったいない、と考えたのでしょうね。次第に、暖かくて暮らしやすいこの土地のよさが、口コミで広がって訪れる人が増え、やがて土地を買って定住する人もいて、アーミッシュの一大コミュニティーになったというわけ」

レストランは、朝六時にオープンする。朝の客は、ほとんどが年配のアーミッシュ男性である。白いシャツにサスペンダーで吊るしたズボン、そして白くて長いあごひげ。布製の黒い帽子か麦わら帽子を脇に置き、一人あるいはグループで、コーヒーを片手に、卵料理、ビスケット、小判形のソーセージなどが載ったワンプレートディッシュを楽しんでいる。コーヒーの香りと朝食のフライパンからたちのぼる匂い、そしてざわざわという話し声に包まれて、店内は温かくゆったりした空気に満ちている。もともと穏やかな人たちが多いアーミッシュだが、温暖な気候とのんびりした暮らしが、より一層のゆとりを生んでいるのだろう。

ヨーダー・レストランのテイクアウト

午前八時になってマーケットとデリがオープンすると、平たい木の皮や幅広のプラスチックひもを編んで作った買い物かごを手に、アーミッシュの女性たちが、次々に姿を見せる。白い祈りのキャップと白いエプロン。メノナイトの女性たちは、水色や薄いグリーンなどの明るい色のドレスを着ているが、アーミッシュの女性たちの服は、濃い紫やブラウンなど一様に暗色だ。足元に目をやると、運動靴やスニーカーに交じって、サンダル履きの人もいる。冬でも温暖な日が多いフロリダならではの光景である。

マーケットの入り口には、あふれんばかりの野菜や果物が載った平台が置かれ、並べきれない野菜類を入れた箱が、傍にうず高く積まれている。中はカート一台がようやく通れるぐらいの通路があり、両脇の棚には、さまざまな商品が所せましと並んでいる。日米を問わず、ひと昔前、地方の町や村でよく見かけた市場そのものだが、大きく違うのは、倉庫のように大きな冷凍室で冷凍食品が売られていることだ。ガラスがはめ込まれた扉を開けると、鋭い冷気が顔を刺す。広さは一五畳ほど。カート数台が入れる程度である。

マーケット。右奥に冷凍室の扉がみえる

四方の壁には、肉、魚、野菜、アイスクリームのほか、多種多様な調理済み食品も並べられている。店内に大きな冷凍庫を置くスペースがないので倉庫を改装したようだが、店内に小さな冷凍庫をいくつか置くより冷却効率がよく、経済的でもあるのだろう。

野菜類は、地元産のものが売られているが、瓶詰めのソースやジャム類、乾物など保存のきくものは、ペンシルバニア州ほか、アーミッシュが多く住む北部の三州から取り寄せている。日本でも、北海道と沖縄では、栽培できる農作物の種類がかなり違う。まして広大なアメリカで、栽培される農作物の種類が南部と北部で大きく異なるのは当然のことである。二、三日の旅行であればいざ知らず、週単位、月単位で長逗留する高齢者には、慣れ親しんだ食材を、「いつもの」方法で調理したものが一番おいしいはずだ。卵のピクルスとアップルソースの瓶詰めを品定めしていた、インディアナ州ナパニーから来たというアーミッシュの老婦人に話を聞くと、

「インディアナで買うより、少し高いけれど、定期的に買いに来るのよ。いつも食べているものがないと、物足りなくてね。前は、トランクに詰めて持ってきたり、子どもにUPS（アメリカの貨物輸送サービス）で送ってもらったりしたこともあったから、こうして買えるのはうれしいわ」

マーケットはオハイオ州ウォルナット・クリークで製造された商品が並ぶ。
上：野菜のピクルスと薬味、下：卵のピクルス

と言う。併設されているデリの店でも、アーミッシュの需要を意識したお惣菜が並べられており、手軽に、気軽に、食べ慣れた味に出会うことができる。

午前九時になると、一般の観光客向けのギフトショップが店を開ける。パインクラフトは、フロリダ半島西部を、海岸線に沿って走るSR-93（州道93号線）沿いにあり、眼前に広がるメキシコ湾の壮大さを満喫できる、近隣でも有数の観光スポットである。高々と幹を伸ばすヤシの木の向こう、遠くでゆったりと行き交う船を背景に、海と空が溶け合いながら静かな広がりを見せ、カモメがゆるやかな弧を描きながら、低く飛び交っている。晴れた日の夕暮れ時。あたり一面をオレンジ色に染め、海面にできた光の道を、少しずつ闇に沈めながら水平線に沈んでゆく夕陽の美しさは、息をのむほどだ。この景色に魅かれ、一年を通して多くの観光客が引きも切らないだけでなく、アーミッシュ・スノーバードとその「巣」を見るために立ち寄る観光客もかなりの数にのぼる。「北部の田園地帯に暮らす敬虔な人々」というイメージが浸透しているアーミッシュが、この南の地でどのような暮らしをしているのか、興味津々なのである。

その需要に応えるように、二〇一八年、「アーミッシュ流おもてなし」を標榜するダッチマン・ホスピタリティーグループが、レストランとギフトショップを併設するホテル、「カーライル・イン」の五軒目を、パインクラフトにオープンさせた。このグループは、オハイオ州シュガークリークを本拠にしており、先の四軒はいずれもオハイオ州のアーミッシュが多く暮らす地域に建てられている。

「カーライル・イン」は、いわゆる「カントリーアメリカン」をコンセプトにするホテルで、ロビーや客室のいたるところに、アーミッシュ家具やアーミッシュキルトを置いて、アーミッシュ色を打ち出している。併設するレストラン「デア・ダッチマン」は、ブッフェスタイルの食事を提供しており、昼食ならひとり一三ドル前後、夕食でも二〇ドルほどでお腹いっぱい食べられる。しゃれた料理や高級な食材を使った料理などはないが、鶏肉の煮込みやフライドチキン、野菜の蒸し煮など、北部の伝統料理を中心としたいわゆる古き良きアメリカの家庭料理が堪能できるので、アーミッシュ、非アーミッシュを問わず、いつもほぼ満席の状態である。

パインクラフト店は、ホテルもレストランも、オハイオ州の他の店舗と同じ造りで建てられており、同じサービスを提供している。しかしこの店舗の大きな特徴は、フロリダらしく「海」をモチーフにした装飾や土産物を多く取り入れていることと、スタッフに、アーミッシュの割合が少ないことである。貝殻やヤシの樹皮を使った「アーミッシュ風」のオーナメントは、北部のアーミッシュ・カントリーでは、まずお目にかかれない代物だ。そのため、初め

デア・ダッチマンのブッフェ

は若干違和感を感じるが、見慣れてしまうと、フロリダの温暖な気候と海の匂いにしっくり溶け込んでいるような気がする。また、定住している一部の人たちを除いて、この地でのアーミッシュの高齢者は、避寒地の客という存在なので、オハイオ州の他の店舗のように、ギフトショップやレストランで働く人は少ない。しかし、温かく自然なアーミッシュ流おもてなしの心が、やはり随所に感じられ、訪れる人をくつろいだ気持ちにしてくれる。

### 自由で気ままなパインクラフトでの暮らし

パインクラフトに滞在するアーミッシュのお年寄りは最低でも二、三週間、多くはひと冬をここで過ごすが、問題となるのが宿泊費用である。フロリダは冬でも暖かいので一年を通して観光客が多く、全米の中でもホテルやモーテルの宿泊料金が高い地域のひとつに挙げられている。そのためアーミッシュの高齢者も含めて、長期滞在者はコテージを利用することが多い。

フロリダには、かつて別荘だった家を改装した旅行者向けのコテージが多く、築年数や町の中心部までの距離によって値段は変わるものの、ホテルなどに比べて格段に安く泊まることができるのである。例えば、パインクラフトのメインストリートから少し外れてはいるが、海に近い場所に位置する築五〇年、寝室五室、最大収容人数七人のコテージは、税別で一日の利用料が一三二ドルなので、七人で宿泊すると、一人あたり一日一九ドル弱で済む。築年数が経ってはいるものの、壁紙や天井、窓などはすべてリフォームされ、家具も新しいものが置かれているので、まったく古さを感じさせない。また、メインストリートにほど近い場所には、トレーラーハウスと、それと同サイズの小さなコテージがずらりと並んでおり、アーミッシュも含めて、レンタル利用だけでなく、買い取って居住している人たちも少なくない。

このようなコテージは、アーミッシュ仕様ではなく電気が引かれているので、薪やプロパンガスは使おうにも使えない。そのため彼らはエアコンを入れ、電気の給湯器でお湯を沸かし、調理に電子レンジや電磁調理器を活用している。自宅では到底考えられない生活である。また、馬を飼うわけにはいかないので、日常の外出にはゴムタイヤをつけた三輪自転車を使っている。これも自宅では考えられないことだ。アーミッシュのほとんどの教区では、いまだにゴムタイヤをつけた自転車の使用が禁じられているからである。自転車にゴムタイヤをつけると、楽に遠くまで行くことができるので、家族それぞれの行動範囲が広がる。それによって、家族のコミュニケーションの機会が次第に少なくなり、家族の絆が損なわれてしまうと考

アーミッシュの老婦人。毎年11月初めに夫とオハイオ州シュガークリークからやって来るという

えているのである。

また、足の不自由な人は、電動のシニアカーを使っている。ヨーダー・ビレッジのマーケット前で、シニアカーに乗った人待ち顔のお年寄りに声をかけてみた。一週間ほど前にランカスターからやってきたというその老人は、買い物をしている妻を待っていると言う。

「この車は便利だね。パインクラフトに来ると、真っ先に借りるんだよ」

蓄電池式のものであれば、自宅周辺でも使えるのではないかと問うと、

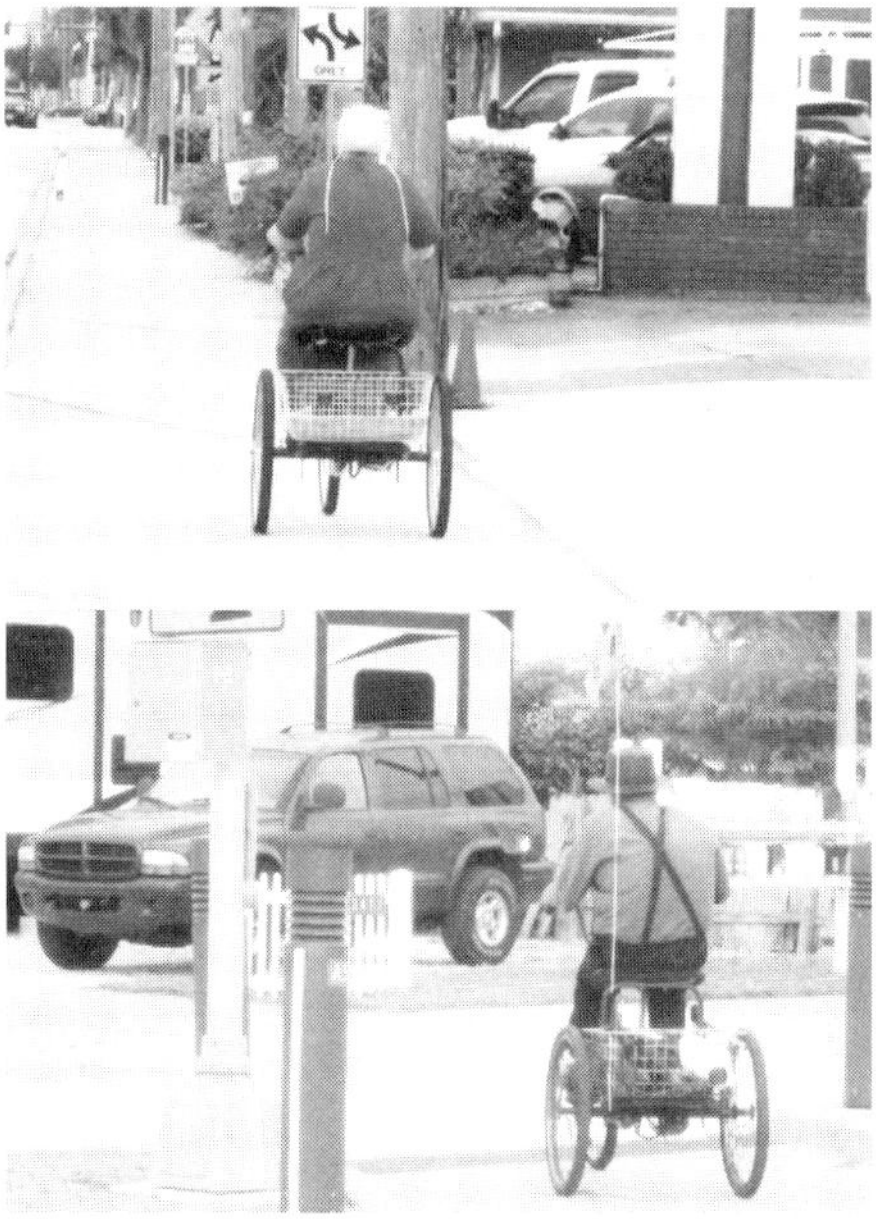
パインクラフトでは自転車に乗ったアーミッシュをよく見かける

「いや、私の教区では禁じられているんだ。もし使えたとしても、道が悪いんだよ。大きな道路は舗装されているんだが、ひとつ脇道に入ると、どこもでこぼこ道だから乗り心地が悪いはずさ」

という返事が返ってきた。そして、両手いっぱいに食料品と日用品を買い込んだ妻が、シニアカーの後ろのカゴに荷物を載せると、彼は巧みなハンドルさばきでUターンし、妻と

ともに店を後にした。
さらに、長期滞在者は、借りているコテージの外に表札を出していることが多い。コテージのポストをよく見ると、「ストルツフス」「ヨーダー」「シュラバック」などのように、アーミッシュに多い姓を書いた紙が貼られている。アーミッシュは、写真に顔が写ることと同様に、表札を「自分の存在をことさらに誇示するもの」であり、「思い上がりにつながりかねない」として禁じている。表札を出していなくても、地元の町や村では誰がどこに住んでいるかを皆が熟知しているが、パインクラフトでは互いに訪問する時や郵便の配達に表札は欠かせない。便宜的に苗字を書いた紙を貼っているだけの家が多いが、中には姓を彫った美しい木の表札を掲げている家もある。もともと手先が器用で芸術的センスに恵まれた人の多いうえ、暇な時間がたっぷりあるからなのだろう。

彼らの日々は自由で気ままだ。「毎日が礼拝のない日曜日のようだ」とは、あるアーミッシュの高齢者の言葉だが、的を射ている。アーミッシュの礼拝は、隔週日曜日に、教区のメンバーの自宅を使って、持ち回りで行われ、それがない日曜日は、家畜の餌やりや食事の支度など、どうしてもしなくてはいけない仕事をする以外、教区のメンバーや親戚、知人が互いに訪問し合って一緒に時間を過ごす。パインクラフトでは、家畜に餌をやる必要もないので、「礼拝のない日曜日」よりも、時間を自由に使うことができるし、家畜の世話も家事や農作業もないので、ゆっくり朝食をとり、散歩に出かけて顔見知りと言葉を交わし、時には話し込んで時を過ごす。高齢者の一群が、シニアカーに乗ったまま輪になって話し込んでいる光景は、北部ではまずお目にかかることができない。

またパインクラフトの町では、日中あちこちの広場や空き地でゲーム大会が開かれている。よく行われているものは、シャッフルボード・ゲーム（細長いスティックでディスクをコート上に押し出し、点数を競うゲーム）、ホースシュー・ピッチング・ゲーム（馬蹄をコートの端から杭に向かって投げ合うゲーム、輪投げの一種）、ボッチャ（青か赤の革製ボールを投げて、ジャックと呼ばれる白い目標球にどれだけ近づけられるかを競うゲーム）の三種類。いずれも、高齢でも身体が不自由でも楽しむことができるものばかりだ。どこでどのゲームが行われるかを皆知っているので、雨さえ降らなければ好きな時間に三々五々集まってくる。ゲームの順番を待ちながら自然に会話が始まり、ゲームがお開きになった後も、飲み物片手に公園のベンチなどで、陽が傾くまで親しく語らう。親しくなると、誰からともなく、バーベキューや持ち寄りでの食事会が提案され、あっという間に話がまとまる。携帯電話での通話が禁じられている教区からきた人たちも、時には電話で連絡を取り合いながら交流を深めていくのである。

「天国に入る方法が南部と北部では違う?」 アーミッシュ・マフィアの批判と孔子の言葉

このようなパインクラフトでのアーミッシュの行動を、「アーミッシュの二面性」あるいは「アーミッシュは偽善的だ」と批判する声もある。その先鋒に立つのが、二〇一七年に『アーミッシュの打明け話』を出版したレヴィ・ストルツフス氏である。

　厳格なアーミッシュの家庭で育った彼は、兄が教区を破門されたことをきっかけに、アーミッシュそのものに疑念を抱き始め、やがて背を向けるに至った。そして「アーミッシュ・マフィア」を自称して、同名のテレビ番組に出演し、アーミッシュの暗部を暴露した。「アーミッシュは、常に家族内や隣人たちとの葛藤とトラブルを抱え、うわさ好きで狭量だ」というのである。実名を挙げないまでも、いくつもの実在する家族を例に挙げ、時には再現ビデオも織り交ぜながら、アーミッシュの「実態」を暴いたこの番組は、大きな反響を呼び、「『あの』アーミッシュが」と世間に衝撃を与えた。

　しかしアーミッシュ内部では、彼の「告発」は、極めて冷静に受け止められた。あるアーミッシュの男性は、

「非アーミッシュの友だちに録画を見せてもらったけど、あれは、ただのショーだよ。彼の

話が本当かどうか確かめに来る人が増えるから、また観光客が増えるだけさ」

とクールな反応を示し、ある女性は、

「私たちは特別な人間ではないわ。怒ったり妬んだりするし、言い合いをすることだってある。確かに服装もライフスタイルも、世間とは少し変わっているかもしれないけど、中身は同じ。イエスと同じ行いをする聖人君子などではなく、そのように生きたいと努力しているだけの存在にすぎないのよ」

と話す。

また、私が偶然のきっかけで知り合った彼の従妹は、

「なぜだかわからないけど、レヴィは、子どもの頃から『有名になりたい』が口癖だったわ。番組と本、最初はちょっとびっくりしたわ。番組は見ていないけれど、大きな反響があったそうね。それにしても、悪いことをして有名にならなくてよかった。何を言っても、何をしても、彼は、私たちのファミリーの大切な一員よ」

と話してくれた。

そのレヴィ・ストルツフス氏が、パインクラフトでひと冬を過ごすアーミッシュの高齢者について、

「電気を使う暮らしをして、大きな三輪自転車を乗り

『アーミッシュの打明け話』の表紙（写真は著者）

回し、地元の食堂で一日中くだらないおしゃべり。首都ワシントンから南では、天国に入るための方法が北部と違うのだろうか」と皮肉ったうえで、「畑でトラクターを使うことを反対していても、隣人がこっそり買って納屋に隠しているのを見つけると、まず『やぁ、いいトラクターじゃないか』と口先だけで、慇懃に挨拶をする。このアーミッシュの二面性と偽善が、パインクラフトで遺憾なく発揮されている」と断じている。

確かに、自宅での生活と大きく違うパインクラフトでの暮らしぶりに、アーミッシュには裏表があると思われるのも無理はない。しかしパインクラフトにやって来るアーミッシュの高齢者は、非日常の場で、非日常の時間を楽しんでいるに過ぎないのだ。

中国の思想家、孔子は、七十歳の心境を「己の欲する所に従えども、矩《のり》を踰《こ》えず」と表現した。つまり、七十歳になると、思い通りに振舞ってもルール違反はしないし、道徳から外れた行動はとらないというのである。パインクラフトに滞在するアーミッシュの高齢者が、まさしくそうなのだ。アーミッシュとして長年オルドヌングを尊重しながら生きてきた彼らは、意識せずともアーミッシュ脳で考え、行動する。それによって、たとえパインクラフトという非日常の場で、羽を伸ばし、非日常の生活を享受していても、意識せずとも「アーミッシュ」という矩を超えないのである。

アーミッシュは、イエスの教えを尊重し、それを日常生活に取り入れることを旨とし、互いに助け合いながら日々の暮らしを紡いでいる。日常生活の決まりであるオルドヌングは、アーミッシュ社会の存続が大きな目的なので、教区の実情に合わせて禁止項目に違いがあるが、イエスの教えをもっとも重視するという基本理念は、パインクラフトで電気を使った暮らしを享受し、自由きままに過ごしていても変わることはない。変わらないどころか、パインクラフトという非日常にいるからこそ、無意識ではあるが、よりアーミッシュの「矩」を大切にしているように思われる。

それがよく表れているのが助け合いである。アーミッシュはたとえ初対面であっても相手が困っていれば、進んで手を貸し、助け合う。ふだん、家族や親戚、友人同士など個人レベルでの手助けは自発的に行われているが、他の教区やアーミッシュの他の宗派、さらにはアーミッシュ以外の再洗礼派の人たちや異なる宗教の人たちへの支援は、教区単位で行われることが多い。例えば、他の教区がメンバーの高額な医療費負担を支援するために開くバザーや、地域の災害支援には、教区として参加し、希望者の中で人の割り振りや作業の分担を決める。教区単位で行う方が、移動しやすく融通がききやすいからだろう。

しかしパインクラフトでは、宗派にも宗教にもこだわらない助け合いが行われている。「真の友は決して裏切らない。兄弟は苦しみに遭ったときに助け合うためにいるのだ」（箴言17章17節）あるいは「私の友である、これらのもっとも小さい者にしたのは、すなわち私にしたのである」（マタイによる福音書25章35節）などの聖書の言葉が、長い年月の間にアーミッシュの意識の中に、なかば本能のように根づいており、パインクラフトでも、宗派と宗教の枠を超えて遺憾なく発揮されているのである。

それは、ヨーダー・レストランとアーミッシュビレッジの敷地内にある掲示板にも表れている。そこには、「売ります」「買います」のほか、家事や家の修理などに関する「手伝います」と「手伝い求む」の告知、趣味の集いの呼びかけなど、さまざまな情報が掲示されており、アーミッシュだけでなく、立ち止まってのぞき込んだりメモをとったりしている非アーミッシュの姿もよく見かける。

秋の暖かい日、買い物かごを足元に置いて、掲示板の前でメモをとっていた年配のアーミッシュの女性に話を聞くと、

掲示板

「この『話し相手求む』というのが気になってね。『体が不自由な娘の療養のために、親子二人、初めてパインクラフトで冬を過ごしている』って書いてあるでしょ。娘さんが四十歳代というから、親御さんは私と同じくらいね。今からちょっと行ってみるつもり」

とのこと。そして、

「なかなか出かけられないでしょうし、初めてのパインクラフトなら、知り合いもそういないでしょう。そう思うといてもたってもいられない気持ちになるわ」

とため息まじりにつぶやいた。

アーミッシュ研究の第一人者、ジョン・ホシュテトラー氏は「アーミッシュはクモの巣のように張りめぐらされた人間関係の中で生きている」と表現したが、アーミッシュは、「このクモの巣のように張りめぐらされた人間関係を、パインクラフトで、より太く、より大きく編み上げる。それによって、同じ教区からきた家族や親戚、仲間たちから成る「小さな小さなコミュニティー」の輪は、助け合いを含むさまざまな機会を通じて、大きく、しかも重層的に広がって厚みを増していく。その輪はパインクラフトにいるときだけでなく、それぞれが家に戻っても消えることはない。近隣の州に住んでいる者同士であれば、互いに訪問し合い、離れていれば手紙のやり取りで交流を深めていくのである。それを可能にするのは、アーミッシュという共通の基盤であり、この基盤があるからこそ、初対面同士であっても、気持ちを共振し合い、共感し合えるのだろう。

帰る女性を見送る人たち。予約した電動のカートでバス停に向かう

# 第二章

## アーミッシュの死生観

### あるがままの老いと向き合い、ありのままに受け入れる

アーミッシュのお年寄りは、その多くが農業を生業としてきた。夏の太陽と厳しい冬の寒さの中での農作業は、彼らの顔や腕を褐色に染め、深い皺を刻む。引退しても「クモの巣のように張りめぐらされた人間関係」の中で、仕事や楽しみを見つけて日々を過ごしているが、次第に心身の衰えを自覚し始める。

ペンシルバニア州ランカスターで、自宅の一部を民泊施設にしているクリス・ストルツフス。七十五歳の彼は自らの老いをこのように言う。

「今は人生の夕暮れ時だ。おとなも子どもも、朝に一日を軽快にスタートさせても、夕方に

なると疲れてくる。人生も同じだよ。歳とともに疲れやすくなる」

「そして夜は休息の時間だ。眠りは一日の苦労や心配を忘れさせてくれる。私たちの人生も、夕陽の残光が消えて夜が訪れると、永遠の休息の時を迎える。こうして命あるものは年とともに衰え、やがて消滅するけれど、それは自然の法則に従っているだけのこと。生まれて、存在し、そして消えてゆく。この繰り返しが歴史を作り、知恵を生み出していくのだね」

クリスはいったん言葉を切った。

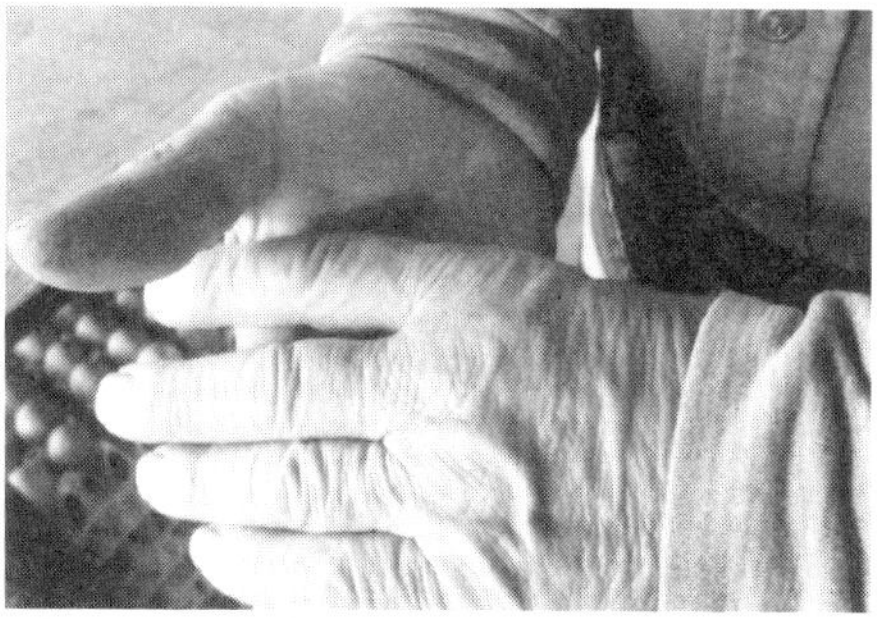

クリス・ストルツフスの手。アーミッシュは顔を写されることを禁じている。これは神の前で自分の存在を誇示しないという謙虚な生き方の表れである

――前の世代から受け継いだことを、次の世代が少し改良する。この繰り返しで「知恵」と呼ばれるものが生まれるということね。でもいいことばかりが生まれるわけではないわ。

しばらく何かを考えているようだった。しわの多い節くれだった指で、彼は自分のあごひげを何度もなでた。

「確かによからぬ知恵が生まれ、それが蓄積されて、私たち人間に災いをもたらすこともあるし、人間に『善』をもたらすはずが、実は災いにつながるものだったということもある。期せずして、突然災いが生じることだってある。でも、すべては神の計画の一部なのだよ。私たちはどれほど親しくても、相手の本心を知ることはできない。それと同様に、神

の本心を知ることもできないが、神は、私たちが計り知ることができない壮大な計画を持っておられる。今の、私たちの眼には『災い』と映ることであっても、それは大きな『善』をもたらすための壮大な計画の一部なのだよ」

――なるほど。すべては「神の壮大な計画の一部」と考えると、いろいろなことを受け入れられる気がするわ。

「自分の老いも受け入れることが大切さ。歳をとると、髪が薄くなるし、眼はかすんで足どりはおぼつかなくなり、内臓にもあちこち不具合が生じる。去年まで難なくできた作業に苦戦したり、慣れた作業で失敗が続いたりすると、老いを実感せざるを得ない。ましてや病気をすれば、自分の心身の老化を突きつけられたような気になってしまう」

「おまけに、ひどく忘れっぽくなるんだ。しなくてはいけないこと、しようと思っていたことを、きれいさっぱり、すっぽりと忘れてしまうんだよ。以前は、頭の片隅に『何かしなくてはいけないことがある』という記憶のかけらが残っていたものだったが。そういう自分に落ち込んだり、あせりを感じたりしがちだけれど、『まあ、頭も体も、長年使い続けているからね、ガタがくるのは当たり前さ』そう思って受け入れることが大事だと思っているよ」

母親が幼い娘に作る人形には目鼻がつけられていない

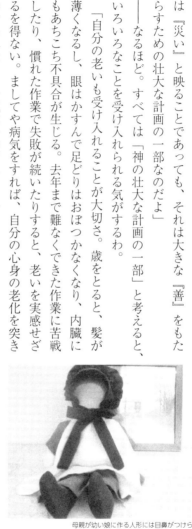

老いのやりきれなさを言葉にしているにもかかわらず、クリスの表情はどこか晴れやかだ。自分の老いを真正面から見据え、受け入れているからだろうか。

「それにね、こういう身体の変化は、自分が永遠の休息に向かう黄昏の道を歩んでいることを実感させてくれる。そして、そのための準備をしなくてはいけない時期に来たこともね」

——準備というと、身のまわりの整理をしたり、書き遺したり？

「ああ、もちろんそれもあるけど、いろいろな人に感謝の気持ちを伝えるんだ。折に触れてね。誰かを訪問して帰る時には、挨拶するだろう。それと同じさ。この世をお暇して、神の元に帰るのだから。家族はもちろんのこと、長い付き合いの人も、つい最近知り合った人も、すべての人が私の人生を彩ってくれたのだからね」

——改まって言うのは、ちょっと気恥ずかしいわね。

「だから折に触れて、なんだよ。『君がいてくれるから、こうして楽しい時間が過ごせるんだ』とか『いつも僕をサポートしてくれてありがとう』とかね」

「それからそれまでの『プライド』を封印することも大事なんだ」

——『プライド』を封印する？

「私の言う『プライド』とは、人と比較することで生まれる思い上がりの心ではなく、自分への自信のことなんだ。もちろん自分で判断し、行動することはとても大事だし、成功体験から自信が生まれ、失敗を成功につなげたらより大きな自信になる。しかし心身が衰えてくると、その『プライド』があるばかりに、まわりからの手助けを素直に受け入れることができず、助けが必要な状況になっても、まわりにそれを伝えることができなくなってしまう。それは自分自身を苦しめ、まわりの人たちを戸惑わせるんだ」

針仕事をしていたケイティーが口を開いた。

「自分のあるがままを受け入れて、ありのままの自分を晒すということかしら。難しいけれど、必要なことだわ。自分のあるがままを受け入れるのは難しいことだけど、愛する家族を、あるがまま受け入れることも難しいわ」

ケイティーは、手を休めて視線を宙に泳がせ、小さなため息をついた。何かを伝えたいが、言葉を探しているようだった。しばらくの静寂のあと、彼女はつぶやくように話し始めた。

「愛する家族が衰えていくのを受け入れるのは、本当に難しい。本人が自分の老いを受け入れていても、家族が受け入れることができなければ、お年寄りはそれを敏感に感じ取って、落ち込んだり認知状態が悪化したりするのよ」

「一〇年ほど前に、父が八十九歳で亡くなったわ。その二、三年ほど前から、物忘れが急速にひどくなったの。例えば、玄関で『イチゴがたくさん採れたから、お隣におすそ分けしてくるわね』と言うと、『ああ、行っておいで』という返事が返ってくる。イチゴを入れたカゴを持ち上げてドアを開けようとすると、『おまえ、どこに行くんだい？』と尋ねるの。一事が万事そうだったわ。一分前のことも覚えていられない。次第に、近くに住む自分の妹たちや孫のことも思い出せなくなっていったし、食事をしたことさえ忘れるようになった。それだけならいいのだけれど、ひどく怒りっぽくなったの。些細なことで腹を立てると、大声でどなったあと、むっつりしていつまでも口をきかなかった。最初は父の変化が信じられなかったの。『きっと他のことを考えていたんだわ。だから覚えていないのよ』とか『たまたま虫の居どころが悪かったんだわ』などと思い込もうとしていたのよ」

彼女は小さくため息をついた。

夏の朝もやの中、家庭菜園の手入れをするお年寄り

「父は、穏やかでまじめな働き者だったわ。ふだん、口数は少ないんだけど、ユーモアのセンスとタイミングが抜群。作業がうまくはかどらなくて皆がいらいらしている時や、トラブルがあってピリピリしている時、ウイットに富んだ父のユーモアで、場の空気がほっと和んだものだったわ。長年、教区の司教を務めたの。私たちアーミッシュは、教区と呼ばれる、近隣の三〇軒前後の集まりがひとつの単位。教区ごとに聖職者がいて、礼拝も教区単位で行われるのよ。聖職者は、司教（bishop）が一人、牧師（minister）が二人、執事（deason）が一人の計四人。どなたかが亡くなって欠員が出ると、くじで選ばれるの。人が選ぶのではなく、神に選んでいただくためよ」

――くじ引き?

「そう。テーブルに積み上げられた聖書から、男性陣が順に一冊ずつ取っていくの。その中に「汝は任ぜられた」と書かれた紙が入っているのよ」

「父が司教になった日のことを、よく覚えているわ。私が十歳頃のことだった。礼拝から帰ってきた両親と祖父母が、いつもと違って浮き足立った様子だった。特に父はかなり緊張した様子で、母たちが、『忙しくなるね』、『きっと神が力を授けて下さるはず』などと声をかけていたわ。聖職者は、二週に一度の礼拝、結婚式や聖餐式などの大きな行事を行うほか、教区内のトラブルを仲裁したり、さまざまな困りごとの相談に乗ったりするから、とても忙しいの。聖職者になったあと、父もいつも忙しそうだったわ。農作業だけでも一年中忙しいのに、教会の仕事が加わったのだから。でも、どちらにも全力投球だった。人前で話すのは大の苦手なのに、その機会が多かったから、礼拝や聖餐式などの行事の前にはよくひとりで説教の練習をしていたわ。そんな父が大好きだったし、とても尊敬していたのよ」

優しい眼差しで父の思い出を語りながら、その記憶は父親の老いをたどり始めたようだ。いったん言葉を途切らせ、言葉を選ぶようにゆっくり話し始めた。

「八十五歳を過ぎたあたりから、親戚や知り合いに、足腰や体だけでなく認知能力も落ちてきていると言われるようになったの。すぐ近くに住んでいたから毎日会っていたのだけれど、確かに時々『あれ?』と思うことはあったわ。だから、やはりという気持ちと、まさか父が、という思いがないまぜになって、複雑だった。叔父や叔母たちの時は、すんなり受け入れられたのにね。父は、次第に身なりにも構わなくなり、どんどんがんこになっていったわ。そんな父を見るのがつらくて、すぐ近くなのに、なかなか足が向かなかったの。会いたい気持ちはあるし、母や周りの人たちに負担がかかるかもしれない、と思いながらね」

「アーミッシュは、電気を使わず、昔ながらの暮らしを大切にしているから、お互いの助け合いで成り立っているの。不便さを、人の絆で補っているのね。だから、私が行かなくても、親戚や近所の人たちが入れ替わり立ち替わりやって来て手伝ってくれるから、人手が足りないということはないのだけれど。いつも父が私を探していると、何人もの人たちから聞いたわ。愛用の揺り椅子でうたた寝している時、誰かが通る気配がすると、目を開けて、ゆっくり顔を上げながら、必ず『ケイティーかい?』と尋ねるのですって。また、私とすぐ下の妹が小さかった時のこと、もう六〇年以上も前のことを、何度も繰り返しうれしそうに話すとも聞いたわ。それでも足が向かなかった。何を聞いてもすぐ忘れてしまう父。身なりに構わず、些細なことで腹を立てて大声を出す父。そんな残骸のようになった父を見るのがつらかったのよ」

「ある時、従姉の一人がこう言ったわ。『歳とともに、記憶をストックしておく壺の口が少しずつ欠けていくから、お年寄りは、新しい記憶が入ってきても溜めておくことができないのよ。全部欠けてしまっても、底の部分だけは残っているから、昔の記憶だけは残っているの。これも神のお計らいだと思うわ』って」

――新しいことは覚えられず、昔の記憶だけが残っている。これが神の温情なの？

「私も聞いた時は解せなかったけれど、少し考えて、なるほどと思ったわ。壺の口が欠けていくと、新しい記憶が残らないだけでなく、それまでのたくさんの記憶も流れだしてしまうでしょう。つらい記憶、悲しい記憶もね。水差しの底に残っている記憶以外、すべてを忘れてしまえば、過去にとらわれず、今、この時の中でだけ生きられるわ。たとえ、それがつらい時だったとしても、すぐ忘れてしまえるのよ。そして体のあちこちが衰えるのは神が送ってくださる合図だと思うの。耳が聞こえにくくなり、老眼鏡をかけても目が見えづらく、手足も思い通りに動かない。こうして神は私たちの体の機能をひとつずつお奪いになるけれど、それはこの世での生活がおわりに近づいていることの知らせなのよ」

「昔の限られた記憶しかない世界で生きるということは、その時どきの瞬間がすべてなのだから、父が生きている世界は、私たちとは違う新しい世界なのかもしれない。しかも、体が思い通りに動かないのだから、父はとまどってイライラしているのだわ。そう思ったら、父が無性にかわいそうになったの」

――会いに行ったのね。

「半年ぶりだった。私が行った時、父はキッチンの脇に置かれた揺り椅子でうとうとしていたわ。背もたれに小さくなった体を預けて、体を斜めに、首をうなだれるようにして。私の気配を感じてゆっくり体を起こしながら、小さなくぐもった声で『ケイティーかい？』って。『そうよ』と言うと、いきなり体を起こして『おお、ケイティーじゃないか』とはっきりした声で言ったの」

「『パパ、調子はどう?』と尋ねると、父はこう言ったわ。『ああ、見ての通りだよ。体を動かそうとすると、鉄の玉をつけたように重いし、無理に動かすと痛みがはしる。読むことも話すこともおっくうだ。だからこうして坐っているんだが、そうすると昔のことが次々に浮かんでくるんだ。父と母がいて、九人きょうだいでにぎやかに過ごした子ども時代。幼なじみの顔。おまえのお母さんと出会って、六〇年以上も共に過ごしてきたこと。こうして体と頭は弱ってしまったが、すべてを恵んで下さった主に、静かに感謝の祈りを捧げることだけはできる。祈っていると、主はやさしく眠りに誘って下さる。一日があっという間に過ぎてしまうんだよ』と」

「父は、神への変わらぬ思いを抱いて、元の世界と今の世界を自在に往き来しながら日々を過ごしている、そう考えたら、思わず『パパのことを誇りに思うわ(Dad, I'm proud of you.)』という言葉が口をついて出たの。すると父はこう言ったわ。『私もおまえのことを誇りに思っている。いつもおまえを娘として託して下さったことへの感謝の祈りを捧げているよ』と」

秋の陽は、傾き始めると足早に地平線を目指す。窓から差し込むオレンジ色の輝きが、刻々濃さを増していった。黙って耳を傾けていたクリスが、ぽつりとつぶやいた。

「私たちもいずれ違う世界の住人になり、今生きている世界との間を往き来するのだろう。

自分がどのように老い、衰えるのか誰にもわからないが、たとえどのような状態であっても、この世にとどまっているなら、それも神の計画の一部なのだろうね」

## 死は生の延長線上に

すべての命は神から与えられる。ひとは、神の計画に基づいて与えられた立場と状況の中で最善を尽くし、死をもってその役目を終えて神のもとに戻る。キリスト教徒に深く根づいているこの意識は、アーミッシュの死生観の根源にもなっている。

キリスト教徒の中には、「人は死の瞬間、鳴り響くラッパの音の中、天使たちに迎えられ、顔を輝かせて神の国に凱旋する」などのように、やや大げさに表現する人もいるが、アーミッシュは、死を特別なことと捉えず、生の延長線上にあるものとして淡々と受け止める。この世に生を受けた以上、老いと病は必然であり、死はその先にあるに過ぎないと考えているのである。もちろん、近しい人たち、親しい人たちと別れて一人旅立つことも、愛する人の肉体がこの世から消えることも、つらく寂しいことだが、たとえ早すぎても、いかに長患いの末であっても、すべて神による大きな計画の一部だと考え、受け入れている。

その背景にあるのが、神への全幅の信頼である。彼らは、ヨーロッパでの厳しい弾圧を経て生き残っただけでなく、アメリカ社会の中で安定したコミュニティーを築き、それを保持し続けている。この事実が、「私たちの眼には災いに見えることも、実は神の壮大な善き計画の一部」という彼らの信念を支えている。彼らは、人間からみると長きにわたる災いであっても、神の時間の永さと人間の歴史の長さからみると、ほんのひと時のものに過ぎないと考えて、これを受け入れ、与えられた状況の中で最善を尽くそうとするし、非業の死や早過ぎる死も、受け入れようとする。

アーミッシュの墓。故人はその家の畑を見渡す高台に埋葬される

また父祖の時代から農業を生業とし、幼い頃から、畑の労働力や馬車の引き役、あるいは食用としての家畜に近しく接してきたことも、アーミッシュの死への意識に大きく影響している。幼い子どもであっても、生を受けた以上必ず死が存在することと、すべての生には役割があり、その役割を終えると死が待っていることを体験的に知っている。そして、このことが自然の一部である人間にもあてはまることを、家族や親戚、近隣の人たちとの「クモの巣のように張りめぐらされた」濃い人間関係の中で、幾度となく経験し、確認するのである。

## どこで最期を迎えるか

それぞれが求められる場で、それぞれの経験と力を生かしながら活動し、終の道を歩む高齢者。ある者は、日脚が伸びるように少しずつ老いを深めながらゆっくり歩み、またある者は、病気や怪我、あるいは精神的なショックをきっかけに、その道を駆け足で走り抜ける。アーミッシュの高齢者も例外ではない。しかし彼らの道行きは決して孤独なものではない。多くの同行者や伴走者に支えられての歩みなのである。

表3

〈がん〉終末期を迎える「もっともふさわしい」場所（理想）　(%)

| | 自宅 | 介護付き住宅 | グループホーム | 老人ホーム | 療養病床 | 病院・診察所 | ホスピス（施設） | その他 |
|---|---|---|---|---|---|---|---|---|
| 日本 | 79.2 | 1.8 | 0.5 | 1.4 | 1.8 | 2.7 | 12.2 | 0.5 |
| NY | 93.3 | 0 | 0 | 0 | 0 | 0 | 3.3 | 3.3 |

〈がん〉終末期を迎えることになると思う場所（現実）　(%)

| | 自宅 | 介護付き住宅 | グループホーム | 老人ホーム | 療養病床 | 病院・診察所 | ホスピス（施設） | その他 |
|---|---|---|---|---|---|---|---|---|
| 日本 | 8.2 | 0.9 | 0 | 7.7 | 11.8 | 59.5 | 11.4 | 0.5 |
| NY | 0 | 0 | 0 | 46.7 | 0 | 40.0 | 0 | 13.3 |

〈認知症〉終末期を迎える「もっともふさわしい」場所（理想）　(%)

| | 自宅 | 介護付き住宅 | グループホーム | 老人ホーム | 療養病床 | 病院・診察所 | ホスピス（施設） | その他 |
|---|---|---|---|---|---|---|---|---|
| 日本 | 76.0 | 4.1 | 1.8 | 11.3 | 5.0 | 0.5 | 0.9 | 0.5 |
| NY | 96.7 | 0 | 0 | 0 | 0 | 0 | 3.3 | 0 |

〈認知症〉終末期を迎えることになると思う場所（現実）　(%)

| | 自宅 | 介護付き住宅 | グループホーム | 老人ホーム | 療養病床 | 病院・診察所 | ホスピス（施設） | その他 |
|---|---|---|---|---|---|---|---|---|
| 日本 | 22.7 | 1.8 | 2.3 | 23.6 | 21.8 | 26.4 | 1.4 | 0 |
| NY | 33.3 | 0 | 0 | 0 | 6.7 | 53.3 | 0 | 6.7 |

（国際長寿センター調べ）

## 病院死か在宅死か　アメリカのホスピスケア

国際長寿センターが、アメリカ、ニューヨーク市と日本で、ガンと認知症それぞれの疾病に分けて「終末期を迎えるのにもっともふさわしい場所」と「実際に終末期を迎えるだろうと思う場所」そして「自身が最期を迎えたい場所」を尋ねたところ、表3のような結果が得られた。多くの人が自宅で終末期を過ごすことが望ましいと考え、そうしたいと希望してはいるが、実際は、その実現が非常に難しいとわかっている。結局、ニューヨーク市では病院で亡くなった高齢者が全体の43%にのぼるが、これは終末期の在宅医療と在宅死の難しさを反映している。

アメリカでは終末期の患者は、医師による診察と並行してホスピスケアを受けることが多い。一九七四年コネティカット州に全米初のホスピス、コネティカット・ホスピスが設立され、以後一〇年間で、その数は一、四二九にまで急増した。州を問わず各郡に少なくともひとつはホスピスがあり、二〇一八年の調査では、その数五、五〇〇にものぼるという。

シュガークリークを含むオハイオ州タスカラワス郡のコミュニティー・ホスピスは一九八六年に、ペンシルバニア州のランカスター、チェスター、レバノンの各郡を管轄するホスピス・アンド・コミュニティーケアは一九八〇年に、それぞれ設立され、終末期の患者と家族を支えるという役割を果たし続けてきた。オハイオ州タスカラワス郡のコミュニティー・ホスピスが看取った患者は、設立後三〇年間でおよそ一四、五〇〇人。その多くが高齢者であるという。

ホスピスは治療目標を「治癒」から「尊厳に配慮した快適な生」に転換した患者を対象としており、心身の苦痛を和らげ、その人らしい死を迎える為のサポートを目的にしている。この目的に照らすと、終末期であっても老衰によって全身状態が悪化している人は対象になりにくいが、高齢者はほとんどが何らかの疾患を抱えているので、ホスピスケアの対象になっている。

入院設備も整っているが、ひとつのホスピスに平均二〇室余と、その数が限られているため、患者の七割以上が、在宅でホスピスケアを受けている。疼痛コントロール、服薬、理学療法、本人と家族へのカウンセリングなどそれぞれの分野の専門家がチームを組んで訪問ケアを行うほか、学生を含む地域のボランティアが、資金面も含めてさまざまな形でサポートしている。

近年、アロマセラピーや音楽療法、アニマルセラピーなどを導入する施設も増えており、患者の心身の安定に大きな力を発揮しているという。

## 病院死が多い日本の現実とその背景

日本の場合は、二〇〇九年時点で実に87・6％が病院で亡くなっている。この結果について、老年医学と在宅医療を専門とする医師、辻彼南雄氏は、「日本は終末期であっても、高度医療と病院医療への国民の期待が高い。それまで在宅医療を受けていても、胃瘻などの外科手術も含め、希望があれば病院に紹介する傾向にある」と、その背景を指摘する。そして「病院で治療を始め、その後に『中止する』というのは非常に難しい。したがって効果がはっきりしなくても、亡くなるまで、その医療処置を『継続していく』ことが多い」と病院死が多い理由を分析する。

確かに口から食べられなくなり、次第に弱ってくる高齢の親や配偶者を目の当たりにすると、動揺し、命を永らえさせる方法はないかと医師に懇願する家族も少なくない。いったん人口経管栄養が始まれば、医学的な見地から継続が非常に困難な場合を除いて、医師や看護師が中止の判断を下すことはできない。「殺人」と同義になるからである。患者の家族にしても、理由はどうあれ人口経管栄養の中止を決断することは「死」の決断を下すことを意味するので、負担が大きすぎるだろう。その結果、「継続」という消極的方法を選択するのである。それは遺された家族に「最期まで病院でじゅうぶんな治療を受けさせた」という満足感を残すが、内臓の働きが衰え、水分も栄養分も十分吸収できない状態にある終末期の高齢者には大きな負担になる。また寝たきりで意識もはっきりしない場合、そのような延命治療が命の量を増やしても、人としての尊厳と命の質を保てるかについても大きな疑問が残る。

欧米では、「自分で食事が摂れなくなれば死へのプロセスの始まり」という認識が強い。これは最期まで医療の力を借り、「薬石効なく」最期を迎えることを「天寿を全うした」と考える日本人の意識とは対照的である。この違いを、宗教観の違いによるものだと考える識者もいるが、仏教伝来以降の日本では、死後は「浄土」に往生し、そこで仏になるか仏になるための修行をすると考えられているし、神道においては、人は死後、家庭や地域、国を護り続ける守り神になると考えられているので、他と比較して死への意識が大きく異なるとは考えにくい。

また日本に無神論者が多いことを理由とする向きもあるが、近年、特定の宗教、宗派に帰依する人は多くないにせよ、至るところに神社仏閣があり、仏教と神道の概念に裏打ちされた行事を大切にする日本人は、「神」つまり超自然的存在を信じ、意識するか否かに拘《かかわ》らず宗教的概念をベースに持っている。したがって、日本人には宗教がなく、無神論者が多いからという指摘はあたらない。

日本の高齢者に病院死が多い理由として考えられることは、日本人の医療への過度な依存であろう。一九七〇年代はじめ、東京都と大阪府が相次いで老人医療費の窓口負担額をゼロにすることを決定した。この決定に追随する形で、当時の田中角栄内閣が七十歳以上の医療費無料化を実施し、それをきっかけに、日本人、特に高齢者にとって医療は非常に身近な存在になった。しかし受診しやすさが医療への過度な信頼と依存を招き、終末期の高齢者に対しても、最期の最後まで救命と延命に手を尽くすことが善しとされるようになったのである。このことは、在宅死と病院死の比率が一九七五年を境に逆転したことからも裏づけられる。

「最期をどこで迎えたいか」は、その人の歴史と人生観に左右される。それを尊重することは、その人の尊厳を尊重することにつながる。アーミッシュのような「クモの巣のように張りめぐらされた人間関係」を望むことが難しい昨今、周囲への負担と自分自身の安心を考えて病院での最期を念頭に置くか、家族やプロの介護者の力を借りながら、長く住み慣れた自宅での最期を望むかを主体的に決めておく必要があるのだろう。

## アーミッシュの医療事情

科学技術の進展がもたらす品々を極力排し、自然の中で自然と共に生きるアーミッシュ。彼らは現代医学を拒否していると誤解する向きも多い。オハイオ州シュガークリークに住むアーミッシュの若い母親はこう言う。

「子どもたちを病院に連れて行くと、他の患者にじろじろ見られることがあるわ。『アーミッシュは病院に行ってもいいのかね』とお年寄りに聞かれたこともある。『もちろんですとも』と答えたけど、病院に行くことが禁じられていると思われているのね」

近隣と思しき人でもそうなのだから、それ以外の人たちの認識は推して知るべしだろう。ペンシルバニア州ランカスターで民泊を営むクリス・ストルツフスは、

「私たちも病気になれば病院に行くし、手術やリハビリも受けると言うと、皆一様に驚いた顔をするんだ。アーミッシュが、虫や草をどろどろに煮て作った怪しげな薬やまじないで病気を治していると思っていたらしい」

と苦笑いする。

アーミッシュは、与えられた生を大事にし、それを人のために、そして神のために生かすこ

とが、神のみ心に叶うことだと考えている。そのために健康を意識し、積極的に身体のメンテナンスを行う。とはいえ、他の多くのアメリカ人同様、ちょっと喉が痛いとか胃がしくしく痛むなどの軽い不調があるからといって、すぐに病院に行くわけではない。

アメリカには医療保険に加入していない人たちが相当数いるうえ、加入していても、多くの場合、保険でカバーされる範囲が限定的なので、医療費の自己負担額が大きい。特に検査費が高く、一般的な血液検査でも三万円から五万円、インフルエンザの検査の場合一〇万円の支払いが求められる。そのため多くのアメリカ人は、軽い不調を感じたら、まずドラッグストアで購入した一般薬かサプリメントを飲んで様子を見、それでも治らなかったり、悪化したりするようであれば受診するのである。

アーミッシュのトニック（滋養強壮剤）。市販品

アーミッシュも、体の不調を感じてもすぐ病院に行かず、まず一般薬とサプリメントを服用するが、それだけでなく各家庭に伝統的に伝わる家庭薬を使い、症状に合わせた食品を摂って症状の緩和と治癒を図る。それでもよくならなければカイロプラクターの門をたたき、それでも芳しい結果が出なければ、病院を受診するのである。ただし、けがと妊娠中のトラブルに限っては、ためらうこ

となく即座に受診する。

アーミッシュの家庭には、それぞれ伝統的な家庭薬がある。宗教的迫害を受けてヨーロッパから移り住んだ移住者が、自国から持ってきた種から育てた薬草とアメリカ大陸に自生していた植物を使って作ったのが始まりであると言われており、その作り方が代々伝えられてきた。風邪症状、胃腸の不調、子どものひきつけ、気分の落ち込み、けがなど症状に合わせた家庭薬は、必要に応じて友人や知人にも提供されている。家庭薬だけでなく自家製トニック（滋養強壮剤）とハーブティーも大いに活用されている。

トニックも各家庭独自のレシピがあるが、どれもベースはリンゴとベリー類の絞り汁、そしてリンゴ酢である。それに十種類以上のハーブを、葉や花だけでなく種子と根も加えて熟成させ、小さなグラスで一日に一、二杯飲む。使うハーブの種類と部分によって、味も匂いも異なるが、誰もが「我が家のトニックは特別」と思っている。また、ハーブティは、一種類のハーブだけを使うこともあるが、体調に合わせ、複数のハーブの特性を生かしてブレンドしたものを飲むことが多い。たとえば、胃腸の調子が良くない時には、フェンネルや月桂樹、レモンベーバナをブレンドし、イライラしたり落ち込んだりしている時は、レモンバーム、カモミール、ティーツリーをブレンドするという具合である。

中国の漢方薬は「おいしいと感じたら自分に合っていることの証」と言われるが、アーミッシュのハーブティーについても同様の認識があるようだ。最近、パインクラフトも含め、アーミッシュが多く住む地域の食料品店で、アーミッシュの家庭薬やブレンドハーブティを見かけることが多くなった。アーミッシュだけでなく、「試しに買ってみたらよかったから」という非アーミッシュのリピーターも多いという。

またアーミッシュの女性たちが、おしなべて健康に大きな関心をもっていることも、家族の身体の不調を解消する一助になっている。彼女たちの情報源は、地元の大型食品店やドラッグストアに置かれている無料のパンフレットと、アーミッシュの新聞「バジェット（The Budget）」や「ディ・ボートシャフト（Die Botschaft）」の投稿記事、そして主婦同士の口コミである。ランカスターの中心部、バード・イン・ハンドにあるミラー自然食品店やオハイオ州シュガークリークにあるスイスビレッジ食品店、更にはパインクラフトのヨーダー・マーケットなど、地方の町には大型食品店が必ず一軒はあり、「各種ビタミンの効用」「カルシウムが豊富な食品」など正しい食生活を啓蒙するためのパンフレットが置かれている。またドラッグストアには、「風邪　～感染から治癒までの九ステップ」「フケが多い？　～薬に頼る前に」「やさしい更年期の話」等々「気になる」症状をわかりやすく解説した無料のパンフレットが置かれ、定期的に更新され

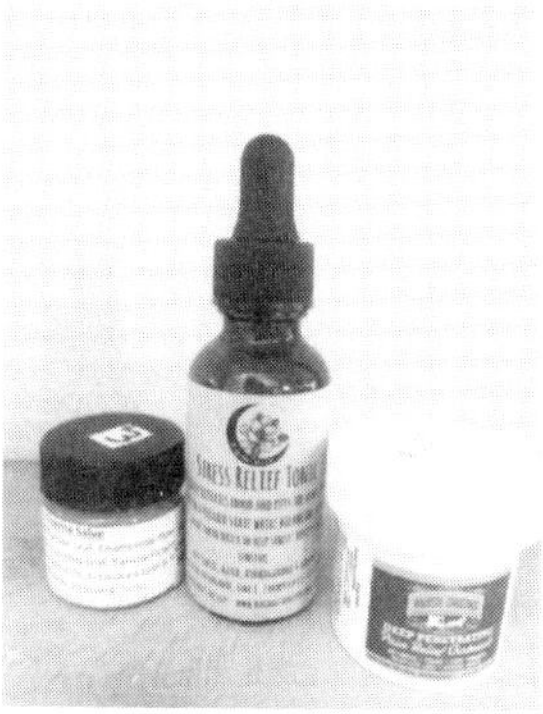
市販のアーミッシュ家庭薬。右端と左端は切り傷や虫刺されなどの皮膚外用薬。中央は「イライラを鎮める」ハーブエキス

ている。

他にもアーミッシュの週刊新聞「バジェット」の読者投稿欄には、効果的なハーブティーのレシピや実践して効果があった治療法が掲載されているし、アーミッシュの月刊誌「ファミリーライフ（Family Life）」には「健康」欄が設けられていて、二人の医師が読者の健康相談に応じている。アーミッシュの女性たちは、それらを丹念に読み、食事会やキルトの会、家事の合間の立ち話などの折に情報交換する。そして実際に試してみての感想やアレンジの方法なども披露し合いながら、一般的な情報を、「私たちの」知識に変えていくのである。

このように家庭で対応しても大きく改善しない時、アーミッシュはカイロプラクターのもとを訪れる。アメリカではカイロプラクターの資格制度が法制化されており、カイロプラクティック専門の大学に通い、博士号を取得したうえで、国家試験を受けなくてはならない。カイロプラクティックは、背骨のゆがみを矯正し、筋肉の過緊張を解くことで、心身の不調を改善し、自然治癒力を向上させるという代替医療のひとつである。手技を行うだけでなく、筋肉の過緊張につながるストレスへのアドバイスや食生活の改善などのカウンセリングも行うので、医療を補完し、患者の心身両面をサポートするものとしてアメリカ人に広く受け入れられている。

ペンシルバニア州ランカスターで、祖父の代からカイロプラクティックの診療所を開いているコーダー博士のもとには、多くのアーミッシュの患者が訪れる。多い時は、一日の患者の四割がアーミッシュだという。博士はアーミッシュについて「温和で、正直で誠実な人が多い」と評する。そして「日々忙しいうえまじめなので、筋肉がガチガチになっていることが多い。できるだけリラックスするようアドバイスするが、なかなかそうはいかないようだ」と言う。日々の労働に加えて、家庭人として、また教区の一員として周囲から期待され、その期待に応えるべく精一杯の力を出しているのだろう。

カイロプラクティックで症状が改善しないからと、自ら決断することもあれば、カイロプラクターに勧められることもある。アーミッシュは最後の手段として病院を受診する。オハイオ州の州都コロンバスで、家庭医としてクリニックを構えているデニス・ドゥーディー医師のもとには、アーミッシュの患者が多くやって来る。中には親子三代にわたって通っている患者もおり、結婚式に招待されるなど個人的なつながりのある患者も多いと言う。

また二〇二〇年一月に九十八歳で亡くなったヘンリー・ウェンツ医師も、ペンシルバニア州ランカスターで、家庭医としてアーミッシュも含めた多くの患者と長年関わってきた。ふたりは口を揃えて「アーミッシュはみんな、人柄がよく、患者としても優等生だ」と言う。診察や治療の時は協力的だし、薬の服用指示と生活上のアドバイスにきちんと従うというのである。また子どもたちはきちんとしつけられており、治療や検査を嫌がったり騒いだりすることはまずないと言う。しかし問題は、かなり重くなった状態での受診が目立つことだと指摘する。「費用の面から受診をためらうのだろう。子どもの風邪が肺炎すれすれの状態になっていたり、軽めの発作を何度かやり過ごした末に、冠動脈が何本も詰まっていたりすることも珍しくない」と言う。

アーミッシュは、「アーミッシュのアーミッシュによるアーミッシュのための」医療保険に加入しているものの、子どもの数が多いのでどうしても医療費がかさむ。個人で払いきれない場合、教区の基金が充てられ、それでも足りない時は、友人知人がバザーを開いたり、「バジェット」で寄付を募ったりして医療費を調達することもある。このような「身内」の援助は甘受するが、彼らのアーミッシュとしての矜持は、アーミッシュ以外からの援助を善しとしない。ウェンツ医師は、同じ時間枠の中で兄弟姉妹を診る場合、診療費を少し割り引くことがよくあるという。

「アーミッシュにも同様の対応をしていたのですが、あとで必ず司教が差額を返しに来るのです。ていねいなお礼の言葉と一緒にね。かえって申し訳ないと、アーミッシュの患者には診療費を割り引かないことにしました」

と語っている。またドゥーディー医師は診療費について、このような話を披露してくれた。

「時々、『先生が金額を書き込んでください』と言って、金額の書かれていない小切手を受け取ることがあります。『帰りを急いでいた時に、払い忘れがあるかもしれません』と私に負担をかけない言葉を添えてね。私の医療への信頼が、私への信頼につながるのでしょう。それはありがたいことだけれど、必ずその場で金額を書き込んでもらっています」

## アーミッシュの終のすみか

アーミッシュの週刊新聞「バジェット（The Budget）」には、「お悔やみ」の欄がある。これは故人の家族または関係者が、死亡日時と死亡場所、遺族の氏名、葬儀の日程と執り行われる場所を公告するもので、故人の人柄、死因、生前の活動歴などが記されていることもある。表4は、二〇一九年一月二日から同年十一月六日までの間に発行された「バジェット」のお悔やみ欄に掲載された全物故者のうち、六十五歳以上の高齢者の死亡場所をまとめたものである。

「死亡場所」として挙げた「自宅以外」の項目には、病院のほか、ごく少数ながら、ホスピス、ナーシングホーム（日常的な医療行為が可能な特別養護老人ホームのような施設）などが含まれる。また、公告に死亡場所が記載されていなかったケースを、「死亡場所不明」としてまとめた。死亡場所不記載の理由として、外出先で急逝したケースや「あえて書く必要はない」と遺族が判断したケースなどが含まれる。

この表を見ると、アーミッシュの高齢者の七割前後が自宅で亡くなっていることがわかる。

アーミッシュは、子どもたちを公立学校に通わせるリスクを考えて、独自にアーミッシュスク

表4　《2016年1月〜11月》

| 死亡場所＼所属 | アーミッシュ | メノナイト |
|---|---|---|
| 自宅 | 68% | 48% |
| 自宅以外(＊1) | 25% | 43% |
| 不明(＊2) | 7% | 9% |

《2019年1月〜11月》

| 死亡場所＼所属 | アーミッシュ | メノナイト |
|---|---|---|
| 自宅 | 72% | 52% |
| 自宅以外(＊1) | 24% | 30% |
| 不明(＊2) | 4% | 18% |

＊1：病院、ホスピス、ナーシングホームなど／＊2：死亡場所の記載なし

ールを設立し、子どもたちの教育の場にしているし、外の世界との深い関わりを避けるために民間の保険への加入を禁じ、「アーミッシュのアーミッシュによるアーミッシュのための保険」を作って民間の保険とほぼ同程度の保障を担保している。このように彼らはアーミッシュとしての生き方と暮らしやすさの両立を図っているが、高齢者が多いにもかかわらず、ナーシングホームやCCRCと呼ばれる終身型ケア付き高齢者住宅（健康な時期から終末期まで、段階に応じて継続的にケアと生活支援を行う高齢者施設）を設立、運営していない。もちろん民間の施設への入居は自由だが、入居する人は非常に少ない。介護が必要になっても寝たきりになっても、自宅で暮らし、終末期に医師の判断で入院した場合は、状態が落ち着けばまた自宅に戻る。そこで、家族、親戚、コミュニティーの人たち、そしてホスピスの訪問看護師のサポート

を受けながら、最期の時を迎えるのである。彼らは老人ホームに入りたがらないわけでも、親を老人ホームに入れたがらないわけでもなく、その必要がないだけなのである。

## アーミッシュの高齢者と医療

すべては神の大きな計画の一環であり、神の意志に基づいていると考えるアーミッシュ。彼らはまた、すべての生は死に行き着くのだから、生を享けた以上、死は必然であり、何ら特別なことではないと考えている。そして、高齢者の体の機能が衰えていくのは、生を与えて下さった神が、生を紡ぎ出す体の機能をひとつまたひとつと取り去っていかれるからだと淡々と受け止める。したがって、終末期の医療は肉体的な苦痛を減らし、神のもとに向かうまでの日々を穏やかに過ごすためのものなのである。

クリス・ストルツフスは、

「いつが思し召しの時かわからないし、このままゆっくり歩んでいくのか、どこかに急な坂道が待っているのかもわからない。でも痛いのはごめん被りたいね。間歇的な強い痛みも、絶えず続く鈍い痛みも、どこかが痛んでいると、心もやられるんだよ」

と言う。数年前に大病を患った彼は、そのことを実感しているのだろう。

――アメリカでも日本でも、最近は物忘れや気分の落ち込みなどを改善するために抗認知症薬を飲んでいるお年寄りが多いと聞くけれど。

クリスとケイティーが頷いた。

「知っているわ。よく新聞に載っているから。認知症の中でも、何という病名だったかしら、幻視が見えたり手が震えたりする……」

――レビー小体型？

「ああ、それだわ。それは脳の病気らしいから薬でよくなるそうだし、脳出血の後遺症の場合も薬が効くそうだけれど、認知症の大半を占めるアルツハイマーは、歳とともに脳の機能が衰えていくことが原因なのでしょう。つまり病気ではなく、歳とともに体が劣化することが原因なのよね。記憶をストックしておく壺の口が徐々に欠けていくことは神のお計らいだし、夕闇が迫ってくると気持ちが沈むのも自然なこと。おかしなことを言ったりしたりするのも、古くなった扉がギィギィ音を立てるようなものよ。まわりは驚くし、あせるけれど、なんとかよくしようと無理に抗うのではなく、受け入れなくてはいけないと思うの」

クリスが大きくうなずいた。

「私もそう思う。だいたい体が弱ってきているのに、記憶力がしっかり保たれていて、頭だけがしゃんとしていると、かえって辛いのではないかな。それに……」

クリスはいたずらっぽい笑みを浮かべた。

「若い時のように、忘れたいことや忘れてもいいことまで覚えていると、記憶の重みで腰が曲がってしまうかもしれないよ」

「最近すぐ忘れるから、ああやって自分に言い訳しているのよ。忘れてもいいことは案外覚えているのに、大事なことは、すぐ、きれいさっぱり忘れるのよ」

「それはお互いさまだね」

ケイティーは一瞬驚いた表情をしたものの、それはほどなく和らいだ。

アーミッシュファームの直売所

「確かにそうだわ。私もひどく忘れっぽくなっているわ。薄々感じてはいたけれど、自分のことはあまり気にならないものなのね」
「それは私も同じだ。自分のことは案外わからないものさ。それでも書きとめたり印をつけたりして、私なりに工夫をしてはいるんだが」
視線を落としたクリスに、ケイティーがほほ笑んだ。
「赤ん坊は新しい体を与えられ、知恵や力を授けられて大人になるわ。『主は与え、主は奪う』。与えて下さった神は、やがてそれを取り去っていかれる。私たちの体の働きを取っていかれるから、できることがひとつ、またひとつ少なくなっていく

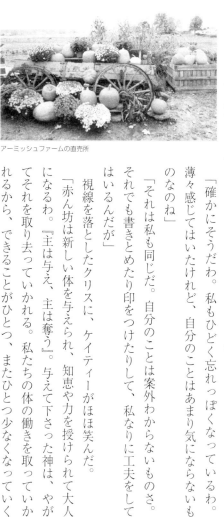

けれど、それはしかたのないことだわ。神は災いをも取り去って下さるのだから」

「できないことが増えていくのは、お年寄りが皆たどる道。黄昏の中を暗闇に向かって歩いているのだから、どこかが痛む時は薬の力を借りて、時には誰かに足元を照らしてもらいながら、ゆっくり進んで行かなくてはいけないのね」

その日の天気を話すように、自らの、そして互いの老いを淡々と話すクリスとケイティー。抗うことなく、しかし失望することもなく、老いを受け入れている。それは、あたかも農作物の出来を左右する天候をやむないことと受け入れるようだ。彼らは、自分たちが神の配剤である自然の一部であることを自覚し、そのうねりの中で生きていることを常に意識しているのである。


ヘンリー・ウェンツ医師は、終末期に入ったアーミッシュを初めて往診した時のことをよく覚えているという。

「八十歳代後半の男性でした。よくて二、三日。いつ容体が変わってもおかしくない状態でした。私は彼の妻に、患者の今の状態と今後の見通しを告げました。彼女も高齢だったので、ショックで倒れるのではないかと案じましたが、私には事実を伝える義務があります。私が話すと、彼女は驚いてしばらく絶句していました。でもすぐに自分の役割を悟ったのでしょう。『このまま穏やかに最期を迎えさせたい』と私にいくつか質問し、近くにいた親族にどこかへの連絡や必要な準備を頼んで、夫を神のもとに送り出す準備をしていました」

ドゥーディー医師も、開業当初は数人だったアーミッシュの患者が次第に数を増し、往診の機会も多い。

「患者の年齢にかかわらず、死を目前にした患者は、意識があればですが、本人も家族も冷静です。アーミッシュは、穏やかで、きちんと薬を飲み、日常生活の指示もきちんと守ってくれる、いわゆるいい患者ばかりなので、はじめは彼らの冷静さは、自分で意識してそう仕向けているからだと思っていました。でもやがて気づいたのです。彼らは自分自身をコントロールしているのではなく、私たちをコントロールしている自然を受け入れているのだと」

## アーミッシュにみるホスピスケア

高齢者は免疫力が低下し、各臓器の働きも落ちているので、持病が悪化しやすく、感染症にかかるとそれが致命の病となりかねない。患者本人の苦痛が大きく、治療をしても治癒が望めず、しかも余命わずかであると医師が判断すると、アーミッシュもホスピスケアを勧められる。

アーミッシュだけを対象にした平均利用日数の調査はないが、「バジェット」の「お悔やみ」欄に掲載された死亡公告の記載や何人かのアーミッシュの話を総合すると、一般のアメリカ人同様、三週間前後がもっとも多いようだ。

終末期の祖父がホスピスケアを受けたという、三十代のエイブラムは

「祖父は七十代半ばに、前立腺ガンと診断された。ホルモン剤と抗ガン剤を服用する治療法を選択し、一〇年近く落ち着いていたんだが、八十四歳の時に再発がわかったんだ。高齢だったし、狭心症の発作を何度か起こして心臓も弱っていたから、手術はリスクが高いと言われて諦めた。薬の量を増やしてようすを見ていたんだが、高齢のせいか薬の副作用が強く出て、食事が入らなくなったんだ。おまけに背中と腰がひどく痛むからと検査を受けたら、骨に転移していることがわかった」

と話す。

「痛み止めを飲むと楽にはなるけれど、胃が荒れるのか、ますます食べられなくなったんだ。ちょうど春の終わりごろだった。イチゴをつぶしたストロベリースープ、祖父の好物だったんだけど、それだけは、少しだけ口にすることができた。でも痛み止めが切れたらまた激しく痛み出すから、あわてて痛み止めを飲んで、効いてくるまで体を丸め、枕を抱えて痛みをやり過ごしているんだ。見ていてつらかったよ」

「そんな具合だったから、ホームドクターに勧められてホスピスケアを受けることになったんだ。ガンの疼痛コントロールが専門の訪問看護師が、痛み止めの調整をしてくれたら、祖父は痛みが和らいでずいぶん楽になったと喜んでいたよ。少し食べられるようになると、ベッド

の上で体を起こせるようになり、それから車椅子に坐れるようになった。もちろん自分で移動できないよ。誰かの介助でね」

――よかったわ。寝たきりだと体も気持ちも衰えるから。

「そうなんだ。車椅子を押してもらって、家の中を見たり窓から畑を眺めたりすると、少し気力が湧いてきたようで、甘い牛乳に浸したパンを食べる気にもなったんだ。五口ほどだったけれどね。そのことをホスピスの訪問看護師に話すと、自分のことのように喜んでくれた。祖父の手をとって、『グッジョブよ』って。祖父は少年のような笑顔で『うん、よくやったよ（Yes, I did my best）』ってね。痛みが強かった時は、ずっと眉間にしわ寄せていたけれど、久し振りに祖父らしい表情が見られたんだ。うれしかったなあ」

エイブラムの頬が紅潮し、その赤みが碧い瞳を潤わせた。

「それから一〇日あまりで祖父は亡くなった。とても穏やかな最期だったよ。体の痛みは心にも大きなダメージを与えることを、祖父の姿を見て実感していたから、最期の穏やかな日々は神からの贈り物のような気がするんだ。もし痛みに苦しんだまま逝ってしまったらと思うと、胸が苦しくなるよ。僕たちは皆、ホスピスにとても感謝している。『頑張れ』『元気を出して』と言って無理に前を向かせようとするのではなく、その時の祖父を認めて、受け入れてくれていた。祖父は体だけではなく気持ちも楽になったのだと思うよ」

「おまけにホスピスは、二四時間、相談の電話を受け付けてくれるんだ。これは大きかった。

便が出なくて苦しがっていた時と急に熱が出た時に、両親が電話をしてどうすればいいかを教えてもらっていたのだけれど、まわりが心配しておろおろすると、病人はそれを敏感に感じ取るんだね。叔父に借りた携帯電話でホスピスのナースに処置の方法を聞いた父は、ホッとした様子だった。すると祖父も表情を和らげ、きゅっと反っていた足の指が元に戻ったんだ。無意識に力を入れていたのだろうね」

エイブラムの両親によると、ホスピスケアには医師と看護師による訪問診療のほか、栄養指導、マッサージセラピー、音楽療法、アロマセラピー、グリーフケアなどさまざまなサービスがあり、患者本人と家族の希望に応じて選択できるという。多くのアメリカ人が加入している高齢者対象の医療保険、メディケアに入っていれば、全額保険でカバーされるが、アーミッシュは加入していないので全額自己負担である。一日の利用額は施設によって異なるが、一五〇ドルから二〇〇ドルの間がもっとも多く、エイブラムの祖父の場合も一日一八〇ドル前後だったという。

「ホスピスケアはとてもいいシステムだと思う。ただ……」

とエイブラムの父は言う。

「私たちアーミッシュは、家族と親戚がたくさんいて、近所の人や知り合いが手伝ってくれる。でも子どもの数が少ない今、子どもが遠く離れて住んでいれば手伝いたくても行けないことも多いだろうし、たとえ近くてもさまざまな事情で、手が回らないことも多いだろう。ホスピスケアは、身近に介護する人がいることが前提だからね。それを望めない人は、住み慣れた自宅で最期を迎えたくても叶わないのだろうね」

## 日常の暮らしの中の高齢者介護

### 不便さを絆で補うアーミッシュの暮らし

「すべては家から始まり、家で終わる。家は人生の重要なできごとが起こる場所。人はそこで育ち、そして老いていく」

アーミッシュが共有するこの意識は、彼らの暮らしと行動の基盤になっている。家の集まりが教区になり、教区の集まりがアーミッシュ社会を構成する。また、家は子どもたちの成長とともにいくつにも分かれる。新たな家は枝を広げ、根を張り、そこで起こる家族の重要なできごとの舞台になる。そして日々の営みを繰り返しながら、子どもは成長し、大

畑で手伝う子どもたち

人は老いてゆき、やがて最期の時を迎える。

ここでいう「家」は、かつて日本社会の根幹を成していた家父長的な家族形態を指すものではない。住居、つまり生活の場としての家である。近代化の波が大きなうねりとなって押し寄せるまで、国や民族を問わず、家はすべての活動の場であった。特に地方では、結婚式や葬儀、家族や親戚の集まりも自宅で行われたので、手伝ったり手伝ってもらったりするなかで、人々は年齢を超えて、親戚や近隣の人たちとの絆を深めていった。

しかし、社会の発展とともに、家族や親戚同士の関係は希薄になり、近隣の人たちとの関係も極めて表面的なものに変わった。この変化に拍車をかけたのが、日常生活の外注化である。食、掃除、放課後の子どもの世話、介護等々の外注化が進み、それらをパズルのように組み合わせて、私たちは日常生活を成り立たせている。その背景にあるのは、互いに頼んだり頼まれたりすることへの遠慮とわずらわしさである。社会が複雑になり、各々の価値観や生活様式、生活時間帯までさえも多様化している昨今、親戚や近隣の人たちとの密な関わりが、互いの負担になりかねないことをそれぞれがわかっている。特に核家族の場合、手助けしたくても時間的、物理的負担が大きすぎる。このような状況から、血縁や地縁による助け合いは敬遠され、外注する人が増えたのである。

日常生活の外注化は、気楽で合理的な暮らしをもたらしてくれる反面、地域との関わりの希薄さが、地域への帰属意識を薄れさせ、自分のルーツの見えにくさが、私たちに根なし草のような寄る辺のなさを感じさせる。また、子どもの経験値アップにつながりにくいという問題点もある。

子どもは日常生活のさまざまなできごとを通して多くを学び、人間力と生活力を身につけていく。お皿に乗っている料理は、命あるものを素材に、誰かが調理したものであること、生きとし生けるものはすべて歳月とともに老化し、やがて消滅すること、死は不可逆的であり、現実の世界にはリセットボタンなどは存在しないことなどを、身をもって実感する。また、さまざまな年代の、多くの人たちとの関わりを通して、多様な価値観に触れ、人との接し方を学んでいく。このような生活経験値を上げることで、物事を適切に判断することができ、周囲と円滑な人間関係を築くことができるので、自己肯定感が得られ、満足度の高い生活が送れるのである。

アーミッシュとしての暮らしをどう思うかと問うと、老若問わず「とても満足している」という答えが返ってくる。第一章で紹介したように、彼らは八年生でアーミ

子牛たちは裏庭のケージで育てられる。
牛の世話も子どもたちの重要な仕事の一つ。

アーミッシュの子どもが
初めて任される仕事は卵拾いだ。

ッシュスクールを卒業すると、いったん外の世界に出る。まだ洗礼を受けていないので、単なる一人の若者として、外の世界のさまざまな刺激と便利な電気製品の中で自由な毎日を過ごすが、全体の80~90％の若者は、自らアーミッシュになることを選び、洗礼を受けるのである。

程度の多寡はあっても、私たちは日常生活のさまざまなパーツを外注化することで生活を成り立たせているが、アーミッシュの暮らしはその対極にある。冠婚葬祭や納屋作りなどの大きなイベントはもちろん、保存食作りから死者を納める棺の製作まで、それぞれができる範囲で手伝い、出産、病気や怪我等、家族の一大事には、親戚や同じコミュニティーの仲間たちが交代で力を貸す。例えば産後間もない母親がいれば、その母親、姉妹、叔母、従姉妹たちが二ヶ月間ほど交代で泊まり込んで、上の子どもたちの世話と家事を手伝うし、病気や怪我で農作業ができない人がいれば、親戚や近隣の仲間たちが交代で朝夕の家畜の世話と農作業を肩代わりする。また、お年寄りや病人、けが人の介護は、家族と親戚が主に担い、そのケアのすき間を埋め、介護に携わる人たちの心のケアにひと役買うのは、コミュニティーの仲間たちと友人知人の役目である。

「確かに電気も便利な道具もほとんど使わない暮らしは不便かもしれない。でもその不便さを、家族の協力と、親戚や隣人たちとの絆で補っている」

室内ランプ。
木製の箱の中に灯油タンクが入っている。

とあるアーミッシュは言う。

「しかし、ただ補っているだけではない。たくさんの『おまけ』がついてくる。手順を話し合ったり、一緒に作業したりするなかで、互いへの信頼感が深まり、結びつきが強くなる。そこから得られる充実感と安心感は、何物にも代えられないものだし、ここが自分の居場所なのだと再確認させてくれる」

## アーミッシュの高齢者介護の実際

オハイオ州シュガークリークに暮らすアーロン・マストは、自宅で高齢の母親を介護している。

「衰えていく母を見るのは哀しいが、家族や親戚、同じ教区の仲間たちが手伝ってくれるから大変ではないよ。昼間、母が眠っている時は、誰かが見守ってくれるし、目覚めている時は、誰かが話し相手になってくれる。私と妻が出かける時は、誰かが必ず母についていてくれるし、夜は近くに住む子どもたちやいとこたちが交代で付き添ってくれる。こうして、たくさんの手が助けてくれるし、たくさんの心が寄り添ってくれるんだよ」

これはマスト家に限ったことではない。

「ひとつの教区には、一二五から三〇家族が属しているが、介護が必要な高齢者は、多い時で三、四人ぐらいだろうか。その程度はさまざまで、一日の大半をベッドで過ごしてはいるが、身の回りのことができる人もいれば、すべてを人手に委ねなくてはならない人もいる。でもみんないずれは、赤ん坊に還っていくんだ。私たちは、子どもの頃からお年寄りとその老いを間近で見ているから、それぞれのステージに合わせて、どのようなケアが必要なのかわかるし、自然に役割分担しているのだと思う」

子どもの数が多く、結婚して独立しても、同じ教区あるいは近隣の教区で暮らすことが多いアーミッシュ。必然的にその結びつきは強くなり、子どもたちは家族だけでなく、さまざまな年代のおとなたちに囲まれて成長する。そして心身の衰え著しいお年寄りを見守り、ケアする大人たちの姿を見、お年寄りについて話す大人たちの会話を聞きながら、老いについての知識、介護も含めた関わり方のノウハウ、そしてお年寄りの心のあり方を学んでいくのである。アーロンの妻、エスターは言う。

「みんな多かれ少なかれ経験しているから、お年寄りの状態に合わせた関わり方ができるの。このような時にはどんな食事がいいとか、体を起こす時にはどうすればお年寄りにも自分にも負担がかからないか、とかね」

「大事なことは、昼夜が逆転しないようにすること。ベッドにいる時間が長いと、どういうわけか昼間寝てしまうことが多いの。当然、夜は眠れない。昼間寝ているということを忘れてしまうことも多くて、眠れないというあせりで不安になったり体のあちこちが痛んだりするのよ。本人も周りもつらいわ。だから昼間、交替で顔を出して、おしゃべりの相手をするの。一緒に歌ったりハーモニカを聞かせたりすることもあるわ」

眠れない、寝ているのに十分眠った気がしないなど、睡眠障害を訴える高齢者は多い。加齢に伴って、基礎代謝率が低下し、日中の運動量も少なくなるので、睡眠時間の長短を気にしなくてもよいと言われている。しかし、たとえ睡眠時間が長くても、眠りが浅ければ慢性的な睡眠不足に陥りやすく、それが認知症の原因となる脳内物質、アミロイドβを増やすと言われているし、睡眠時間が短くても深く眠っていれば問題ないと言われても、真夜中に眠れないと孤独感に苛まれる。

睡眠障害の中でも問題になるのは、介護を必要とする高齢者の昼夜逆転である。体内時計の加齢による変化、服薬している薬の影響などいくつかの原因があるが、日中眠っているように見えても、人の気配や生活音、さらには食事や入浴の声かけなどの刺激によって眠りが浅いことが多い。エスターが言うように、それは本人と周囲に大きな負担を強いるのである。

アメリカではまず見かけないが、日本では病院や高齢者施設で、昼夜逆転に陥っているお年寄りを車椅子に乗せ、人の出入りなど刺激のあるナースステーションやオフィスなどに集めている光景を見かけることが多い。東京近郊の、ある高齢者施設で働くヘルパーの一人は、「本当は、少人数でゲームしたり一緒に話をしたりする方がいいけれど、人手が足りないからしかたがない」と明かす。

病院や施設でもさることながら、家庭で一人か二人の介護者が、家事をこなしながら高齢者の身体介護に携わり、さらに昼夜逆転を防ぐために心を配るのは並大抵のことではない。そのため気心の知れた人たちがお年寄りの相手をしてくれると非常に助かるし、お年寄りにとっても、外出どころか日常生活もままならない生活の中で、顔なじみとの会話は大きな喜びであり、脳を活性化させるうえでも大きな意味を持つ。

アーロンは言う。

「もしひとりきりで、あるいは妻とふたりだけで母を介護することになれば、ナーシングホームで暮らす方が母にとっては幸せかもしれない。仕事や家事に介護が加われば、世話がおざなりになったり、余裕がなくなってイライラしたりしかねない。そうなれば母に我慢や負担を強いるだろうから、結局、つらい思いをさせてしまうんだよ」

「一日の終わり、住み慣れたこの家に帰るとほっとする。そして、あたりが闇に包まれる頃、ベッドで目を閉じると満足感と安堵で心が安らぐ。人生の終わりも同じことが言える。住み慣れた家の景色と匂いが、永遠の眠りに近づく人を安心させてくれる。確かに、病院もナーシングホームも、医療と介護のプロがたくさんいるという安心感はあるけれど、私たちの本当の安心感は、長年住み慣れた家に抱かれることで生まれるんだ」

日米を問わず、昨今は家族とプロだけが、場合によってはプロだけが高齢者の介護を担うことが多いが、アーミッシュの社会では、家族とプロだけでなくコミュニティー全体で介護が必要な人を支えている。とはいえ明確な役割分担や当番があるわけではなく、家族への声かけや差し入れも含めてそれぞれができる範囲で、できることを行う。それによって、長年住み慣れた家が終のすみかになるのである。

## 懐かしい記憶を共有する「回想法」の大切さ

「うちのおばあちゃん、同じ昔話ばかりするからうんざり」「うちのおじいちゃんもそう」時々耳にする会話だが、同じ昔話を繰り返し語る高齢者は非常に多い。新しい記憶が残らないからこそ、記憶の底に残る昔日の記憶が生き生きと姿を現すのだろう。しかも話したこと自体を忘れてしまうので、周囲には同じことを何度も繰り返すと受け取られてしまう。しかし、たとえ孤独の中にあっても、過去の温かくやさしい記憶を何度も思い出し、繰り返し話すことは非常に重要な意味を持っている。それによって「考える」「言葉を選ぶ」「相手にわかるように伝える」等々高度な精神活動が行われるので、脳の前頭前野が活性化され、さらに相手が自分の話を聞いてくれているという満足感が、孤独感や不安に陥りがちな高齢者の心を安定させるからである。

認知症や老人性うつの高齢者に、自らの歴史や過去の思い出を話してもらうことで、症状の進行を抑え、精神的安定につなげる手法は、「回想法」と呼ばれる。これは一九六〇年代、アメリカの精神科医ロバート・バトラー氏が提唱した心理療法で、現在世界の多くの老人介護施設で取り入れられており、高齢者に思い出を心ゆくまで話してもらって、それを介護施設などのスタッフが傾聴する形で実践されている。スタッフは相づちを打ちながら話を聞き、時折、当時のできごとや風俗を尋ねることで別の記憶の扉を刺激し、高齢者の脳の活性化につなげようとする。

しかし、ただ思い出を語るだけでなく、それを共有できる相手との会話は、高齢者の脳をより一層活性化させ、より多くの満足感と安心感をもたらしてくれる。思い出話に登場する共通の親戚や知人に関する小さなエピソードを語り合ったり、お互いの当時のようすなど思い出したことを披露し合ったりすることで、長く閉め切ったままだった記憶の扉が次々に開かれ、会話が弾む。それが当時の楽しさを蘇らせ、自分らしさを思い出させる。またそのような記憶を共有できる相手がいるという意識が、孤独感を薄れさせ、満足感を増幅させるのである。

特に介護が必要な高齢者は、人手を借りなくてはいけない状態のなかで、体が思うように動かないもどかしさを感じるだけでなく、ややもすると引け目を感じたり後ろめたさを抱いたりしがちだが、昔話を通して、かつての自分に「再会」することが自信の回復につながる。また聞く側にとっても、その人について新たな発見があったり、かつての自分自身や近しい人たちに「再会」したりするという意義がある。高齢者が、昔話をしながら埋もれていたつらい記憶を蘇らせることもあるが、共通する記憶を持っているからこそ、そのつらさをより深く理解し、当時の思いに寄り添うことができるのである。

## 高齢者の『生産性』

二〇一八年、ある国会議員がＬＧＢＴ（性的少数者）への行政支援について、「彼らには生産性がない」という理由で疑義を唱えた。また、それにさかのぼること二年、神奈川県相模原市の福祉施設で、「意思疎通のできない重度の障がい者は不幸、かつ社会に不要な存在である」という理由で、元施設職員による大量殺人事件が起き、社会を震撼させた。このような意見に同調する声も少なからず聞かれ、さらには「寝たきり、あるいは心身の機能が著しく衰えた高齢者は生産性がないので社会のお荷物だ」という意見もくすぶっている。

確かに「目に見えるもの」の生産に限って言えば、彼らの「生産性」は限定的、あるいはゼロであろう。しかし社会は、そこに属する人たちが「目に見えるもの」を生産し、その消費によってのみ成り立っているわけではない。たとえ「目に見えるもの」を生産しなくても、その人の言動あるいは存在そのものが、家族だけでなく友人や知人、さらには面識の有無に拘らず、他者にとって大きな意味を持つものであったり、他者の意識に訴えかけるものであったりすれば、それは大きな生産性を発揮していることになる。労働などによって「目に見えるもの」を生産することを直接生産活動と呼ぶならば、「目に見えないもの」の生産は、間接生産活動ということができる。人は社会の一員である以上、無意識のうちに間接生産活動を行っており、それによって生産された「目に見えないもの」が、互いに刺激し合いながら厚みのある社会を作り上げていくのである。

ホスピスケアを経て祖父を看取ったエイブラムは、祖父の存在を振り返って、このように話す。

「祖父の車椅子を押して、庭が見えるテラスに出たときのこと。祖父がこんなことを言ったんだ」

「『みんなに感謝しているよ。ここ数ヶ月、ずっとベッドに横たわったままの私の世話をしなくてはいけないことが、みんなにとってどれだけ大きな負担か、どんなに忍耐が必要かよくわかる。私の願いは、一昨年、神のもとに還ったおまえのおばあちゃんのように、短く患って安らかに逝くことだった。でもこの状態だ。神は何らかの意思をお持ちなのだろう。私の信仰が試されているのかもしれない』僕は何と答えていいかわからずに、祖父の顔を見ていたよ」

短い沈黙の後、彼は再び口を開き、押し出すように言葉を出した。

「『痛みに押しつぶされそうな時も、よく知っている顔を見ると本当に楽になる。吐き気で水さえ飲みたくない時も、ふだんの話し声が聞こえきて、ふだんの音がすると、何か口にしようという気力が湧く。お互いの、そして私への愛情が伝わってくるんだよ。主は『私の兄弟であるこれらの最も小さい者のひとりにしたのは、すなわち私にしたのである』と言われた。私は最も小さい者だが、私への愛が神への愛につながり、それを神が喜んで下さっていると考えると、少し気持ちが軽くなる。ありがとう、エイブラム。神の恵みがありますように』祖父は、こういうとずっと目を閉じていた」

彼もしばらく目を閉じた。短い祈りを捧げているようだった。

「その時、僕はまだ二十歳になる前だった。祖父の気持ちは伝わってきたけれど、いまひとつピンとこなかったんだ。でも、三人の子供の父親になった今、祖父の気持ちがよくわかる。両親が老い、さらに僕自身が年をとった時、もっとよくわかるだろう。祖父は、僕だけでなく祖父と関わった多くの人たちに、最期の姿を通して多くを教えてくれたんだよ」

「企業の生産性」、「労働の生産性」そして「社会の生産性」等々、私たちの社会では「生産性」の有無やその程度が取り沙汰され、高い生産性を生み出すものがよしとされる。それは経済的な豊かさを生むかもしれないが、精神的な豊かさにつながるとは限らない。アーミッシュは、人は生きていること自体が神の計らいであり、神による壮大な計画の一部であるという認識に基づいて日々を送っている。

それは彼らが、障がいを持つ人を「special（特別な人）」と呼び、心身に何らかの障がいをもつ子ども（娘、息子）を「special child（daughter/son）」と表現することにも表れている。これは障がい者を「特殊な人」と異端視するものではなく、神から「特別な」任務を与えられた人という意味である。

英語で障がい者を表す表現として「disabled」あるいは「handicapped」が使われることが多いが、「disabled」には「できない」というニュアンスがあり、「handicapped」はハンデ、つまり不利な点があるという意味を持つ。また婉曲的に「person with special needs」、つまり特別な支援が必要な人と表現することもあるが、この場合も「特別な」のは対応のしかたであり、その人の存在そのものが特別な意味をもっていることを意味するわけではない。

アーミッシュは、すべての人には神から与えられた役割があり、それぞれが、いま置かれている所でその役割を果たしていると考えている。それが相手を尊重し、さまざまな立場や状況の人たちの言葉に耳を傾け、その行動や生きざまから多くを学ぶ姿勢につながっている。このように相手の言動を通して、さらにはその存在自体から多くを学ぶ生き方は、彼らが意識せずとも間接生産活動を実践していることを示唆しているのである。

直接生産活動をのみ重視する社会は、それを成し得ない存在の軽視、あるいは切り捨てという弊害を生み、それが結果的に、社会的に弱い立場の人たちを追いつめることになりかねない。また人間の欲は直接生産活動によって高い成果を上げることを求めがちなので、それを達成することができた人、いわゆる「勝者」の価値観が社会を席巻し、間接生産活動とその意義に目を向けにくくなる。そのような単一の価値観によって形成される社会は、浅薄で多様性に欠けるので住みにくく、そこで暮らす人たちの生活満足度を低下させてしまう。しかし間接生産活動に重きをおきすぎると、直接生産活動への意欲を低下させるので社会全体の衰退を招きかねない。

アーミッシュが、アメリカ社会の一員としてじゅうぶんな直接生産活動を行っていることはいうまでもない。さらに彼らは、人は一人ひとりが、神の「善」を実現するための役割を果たしているという強い意識を持っている。このことは彼らが間接生産活動にも目を向け、その意義を重視していることの証左にほかならない。直接生産活動と間接生産活動の均衡がとれている社会は、豊かさと快適さをもたらしてくれるが、まさしくそれがアーミッシュの社会なのである。

## アーミッシュの高齢者介護を支えるネットワークの力

### 家族ネットワーク

アーミッシュの結婚年齢は、男女共に二十代前半と比較的若い。経済的な不安から、最近はバースコントロールをする夫婦もいるようだが、「子どもは神からの授かりもの」という考え方が根強く、今でも一家庭の子どもの数は、平均七人。二〇一七年のアメリカの合計特殊出生率、一・八二人と比較すると、かなりの子だくさんであることがわかる。

家中に響く子どもたちのにぎやかな声、カゴに山積みされた洗濯物、あふれんばかりの料理を盛り付けたいくつもの大皿。活気に満ちあふれる時期を過ぎ、子どもたちが結婚によって順に家を離れると、夫婦は末の子の結婚を潮に、仕事の第一線を退くことが多い。多くは農業に従事しているので、子どもたちに農場の先行きを委ねる。また家具や食品の製造直売も含む店舗の経営者は、家族に限らず適当な後継者を見つけて店を譲る。いずれにしても、引退後は母屋を若い夫婦に譲って、隣接する「おじいちゃんの家（ダウディー・ハウス）」に引っ越す。そして農場を引き継いだ子どもたちから毎月受け取る「地代」や、店舗を引き継いだ人から支払われた一時金、あるいは毎月のロイヤリティを主な収入源とし、体力を鑑みながら経験を生かしてさまざまに活動するのである。

結婚し、独立しても家族、親戚同士の結びつきは強い。結婚式や納屋作り、葬儀など大きな催しものを行うときはもちろん、出産、農繁期、家族の病気等々あらゆる機会に、必要な品々やおすそわけの野菜や料理を持って、徒歩で、あるいは馬車で駆けつける。また隔週日曜日に行われる教区ごとの礼拝の後、互いに訪問し合ったり誰かの家に集まったりしておしゃべりに興じ、情報を交換し合うほか、病人がいれば見舞いに行き、悲しみやトラブルの中にいる人がいれば、少しでも和らぐよう力を尽くす。ふだんの日も、近くを通りかかれば、立ち寄って言葉を交わし、体調が芳しくないと聞けば、家事や仕事の合間を見つけて様子を見にいく。高齢者の介護も、この日常の延長に過ぎないのだ。

裏庭にずらりと干された洗濯もの

近年、地価の高騰によって近隣の農地を手に入れることが難しくなったため、住み慣れた地域を離れるアーミッシュも増えつつある。しかし距離的に離れても、彼らの「クモの巣のように張りめぐらされた」人間関係の糸が切れるわけではない。日帰りができないなら、数日間泊まり込んで手伝うし、それができなければ手紙やカードを送って応援の気持ちを伝える。直接手を貸すだけがサポートではなく、心を寄り添わせることも大きな力になるのである。

高齢の母親を介護するアーロン・マストは言う。

「きょうだい八人のうち、オハイオに住んでいるのは私も含めて五人。ほかの三人はちょっと離れているんだ。兄はメノナイトに転向してペンシルバニアで暮らしているし、弟と妹は、それぞれアリゾナとインディアナに住んでいる。家に年寄りがいたり、孫が生まれたり、仕事が忙しかったり、皆事情があるから頻繁に来られないけれど、母や私たちに、よく励ましとねぎらいの手紙やカードを送ってくれる。兄は絵が得意だから、庭や家族のようすをスケッチして送ってくれることもあるよ。大事なのはどこに住んでいるかではなく、どれだけ気持ちを向けているかなんだよ」

「おまけにね、結婚すると相手の家族も「家族」になるから、そのきょうだいの結婚相手もまた「家族」になる。こうして「家族」のネットワークがどんどん広がっていくんだ。たとえ子どもに恵まれなくても、きょうだいの子どもたちや孫たちがいるから心強いよ」

——その家族ネットワークは、介護の時も頼りになるの？

「もちろんだよ。近くに住むいとこたちとその息子や娘夫婦が、よく手伝いに来てくれるし、いとこたちの連れ合いの兄弟姉妹も手伝ってくれる」

――いとこのお連れ合いの兄弟姉妹なんて、ずいぶん遠い関係のような気がするわ。でも心強いわね。

「遠い関係？　私たちはファミリー・ツリーでつながる『家族』なんだよ。

アーミッシュの家族ネットワークは、池に落ちた雨粒が一部重なり合いながら同心円状に広がっていくように、ひとつの輪が大きく広がり、他の輪と交わり、重なり合いながらさらに大きな円を作り上げていく。

二〇一九年九月二十四日、長年オハイオ州ミラーズバーグで暮らしていたドロシー・バイラーが、九十一歳で亡くなった。彼女と二三年前に亡くなった夫、リューベンの間には一〇人の子どもたちがおり、さらに六六人の孫、三一三人のひ孫、四五人の玄孫がいる。このバイラー家の例は決して珍しいわけではなく、七十五歳以上の高齢夫婦には、平均して八〇人の孫と二〇〇人のひ孫がいると言われている。孫、ひ孫たちが結婚して子どもが生まれ、その子どもたちもやがて家庭をもち、ファミリー・ツリーを豊かに茂らせていくのである。

「『家族』が母と私たちに手紙やカードを送ってくれることも多い。『あなたのことを思っています（Thinking of You）』と書かれているだけでも、温かい気持ちになるよ。高齢の両親を見送った経験のある人の手紙には、経験談が書かれていることもあるんだ。だんだん弱っていく親を看る哀しみと、逆縁になることなく親を見送ることができる安堵の気持ち、それから介護のコツなどが書かれていてね、うれしいものだよ」

――同じ経験をした人にしかわからないことがあるものね。

「人間には同じ立場に置かれないとわからない痛みがあるのだね。数年前、父を亡くした時に、それを強く感じたよ。叔父叔母も含めて何人もの「家族」の最期を看てきたけれど、親を見送る気持ち、それをどう表現していいかわからないんだが、その気持ちは自分が経験してみて初めてわかったし、経験したからこそ気づけたことも多かった。お子さんを亡くした人、連れ合いを亡くした人、兄弟姉妹を亡くした人もきっとそうなのだろうね。同じ経験をしないとわからない自分に、人としての未熟さを感じるけれど、わからなくても相手に寄り添うことだけはできる、そう思っているよ」

## アーミッシュのコミュニティーネットワーク

アーミッシュの家族ネットワークと並んで大きな力を発揮しているのが、コミュニティーネットワークである。近隣の三〇世帯前後から成る教区をひとつの単位とするこのネットワークは、単なる地縁とは異なり、神の存在という共通のベースがある。メンバーが同じ価値基準を共有しているので、暗黙の了解が生まれ、同じ空気感を醸し出す。それによって生まれた絆は、礼拝や冠婚葬祭、納屋作りなどの行事だけでなく、ふだんの付き合いを通してより強くなり、人々に一層の安心感をもたらしてくれるのだ。

また教区を単位とするアーミッシュのコミュニティーは、他のコミュニティーとも強いつながりをもっている。礼拝時、他の教区の聖職者が「訪問司教」として参加したり、ある教区の納屋作りに他の教区のメンバーが総出で集まったりするほか、結婚や農地の取得によって他の教区に引っ越した人を通して、教区をまたいだ交流が始まることも多い。このような個々のネットワークの広がりが「クモの巣のように張りめぐらされた」人間関係を内包する大きな円に発展するのは、家族ネットワークと同様である。

「もちろん、いいことばかりではない。気の合わない相手もいるし、些細なことで気まずくなることもある。しかし私たちは皆、謙遜の気持ちをもって柔和に、そして謙虚に生きることの大切さを知っているから、争いごとに発展することはまずない」とあるアーミッシュの男性は言う。

聖書では、謙遜の心と謙虚な姿勢で行動することの大切さを「何事も自己中心や虚栄から行わず、へりくだり、互いに人を自分より優れた者と思いなさい」（ピリピ人への手紙2章3節）と説き、「……自分が知者だと思い上がってはいけない」（ヤコブへの手紙1章21節）と戒める。謙遜とは、自己評価の低さと自信のなさによるものではなく、相手からの理不尽な要求に耐え忍ぶことでもない。自分を大切にして相手を尊重し、相手との違いに慈しみの心で向きあい、それを受け入れることである。そしてこの謙遜こそが、イエスの生涯を貫く姿勢なのである。

また、人と付き合う時に心がけることとして、聖書は「秘密をもらす者、中傷し歩く者、軽々しく唇を開く者とは交わってはならない」（箴言20章19節）と戒め、「暴言を吐く者はいさかいを巻き起こし、陰口をする者は親しい友を離れさせる」（箴言16章28節）、「自分の口と舌を守る者は、苦難から自分の魂を守る」（箴言21章23節）と自分の言動への自制を求める。

彼らはこのような姿勢を、改まって誰かに教えられたわけではなく、無意識のうちに身につけている。アーミッシュの初期の頃に遡ると、ヨーロッパでの迫害の日々と新大陸アメリカでの苦闘の毎日の中で、当時の人々はイエスの生き方に倣い、聖書の記述を拠りどころにした生き方を心がけ、互いに鼓舞し合いながら生きてきた。その生き方は子どもたちの意識に浸透し、実践され、次の世代に、そしてまた次の世代にと連綿と伝わっていったのだろう。メディアによる情報の代わりに、周囲の大人たちの言動から多くを学ぶアーミッシュの子どもたち。学んだことを受け入れるだけでなく、主体的に実践しているからこそ、その社会は磐石なものになり、社会を成り立たせている人間関係が安定し、そして濃密なものになるのである。

「濃密な人間関係は負担だし、わずらわしい」と感じる向きもあるだろう。確かに集団における個人と個人の濃密な人間関係は、いったんマイナスに転じるとストレスの原因になりかねない。しかしアーミッシュの場合、個人とは他者との関わりの中での「自分」ではなく、神との関わりにおける「自分」なのである。つまり彼らは、神という絶対的な存在を通して他者と関わっている。このことが彼らの強い絆を生み、安心感をもたらすのである。

## 『バジェット』アーミッシュのネットワークと絆を紡ぐ新聞

バジェット社

アーミッシュの週刊新聞「バジェット（The Budget）」。

発行部数二万部以上を誇るこの新聞は、アーミッシュの家族ネットワークとコミュニティーネットワークを再確認し、さらに新たなネットワークを作り上げるうえで大きな役割を果たしている。

「バジェット」社は、オハイオ州の北東部タスカラワス郡、西部に位置する小さな村、シュガークリークの中心部にある。メイン通りとファクトリー通りという二本の目抜通りが交差する、信号機のない交差点から一ブロック。三角屋根がかわいい木造の小さな社屋と、「シュガークリーク、そして全米のアーミッシュとメノナイトコミュニティーのために」と書かれた大きな木の看板は、読者ならずとも、ちょっと立ち寄りたくなるような温かい雰囲気を醸し出している。

近くには村で人気の年中無休のレストラン「バグ・スポーツ・パブ」があり、日曜日も家族連れで終日賑わいをみせている。また次の交差点の角には、「世界最大の仕掛け時計」としてギネス登録を果たした大時計があり、三〇分おきにチロル風の衣装を身につけた木の人形楽団が登場して、軽快な音楽を奏でている。その前を通り、郵便局や村役場、キルトショップ、食料品店などが立ち並ぶ一角を過ぎると、見渡す限りの草地と畑が広がる田園地帯が広がっている。ところどころ小さなチーズ工場や家具作りの工房が点在しているものの、夏は緑一色に彩られ、真っ赤に紅葉したプラタナスが地面を埋め尽くす晩秋以降、あたりは単色の冬枯れ色に染まる。

この村の歴史は古く、一八一四年に農地を求めた人たちが初めて入植し、小さな集落を築いたのが始まりである。その後、一八五〇年代から、母国とよく似た気候を求めてスイス出身のアーミ

世界最大の仕掛け時計

州道 93 号線からシュガークリークへ

古くからある宿、シュガークリーク・ビレッジ・イン

収穫を終えた畑（シュガークリーク）

ッシュが多く移り住むようになると、集落は村に発展した。次第にペンシルバニアなどからの移住者が増加し、シュガークリークを含む一帯は、いまや三五、〇〇〇人以上のアーミッシュが暮らすアメリカ最大のアーミッシュ居住地域である。特にスイスからの移民の子孫たちが多く暮らしていることから「リトル・スイス」と呼ばれている。彼らはアメリカ風にアレンジさせてはいるが、家の造りやチーズ作りなど母国の文化を大切に守り続けており、それが観光の目玉にもなっている。街のあちこちで、アメリカ国旗とスイス国旗が並んではためいている光景は、アメリカの懐の深さをよく表しているといえよう。

「バジェット」の創刊号は、一八九〇年五月十五日に発行された。地元シュガークリークで印刷業を営むジョン・C・ミラーが、移住者の多いこの地には、地域の情報を提供するコミュニティー新聞が必要だと考え、村の学校で校長を務めていたJ・M・リチャードソンを執筆者に迎えて創刊したのである。

創刊号は四面から成り、「村を訪れた若者グループが、街路樹に危害を加えたため逮捕され、罰金刑を課せられた」「シュガークリークにある大きな池で、春以降、体長五〇cm、重さ一・一kgほどの立派なコイが相次いで捕獲されている」などといった地域のトピックのほか、農機具販売店やレンガの販売施工業者、食料品店などが広告を出している。バジェット社には現物が展示されており、見学者が必ず足を止めるスポットである。

ここに掲載されているミラーによる創刊の辞には「……私たちが目指すものは、社会や政治、宗教の改革などではありません。新たな出版物はこのような目的を持っていないと、何の目的もないものだと思われがちですが、出版物の目的はそれだけではありません。私たちの目的は、暮らしに役立つ情報を、この村にそしてこの地域に住む人たちに伝えることなのです」と書かれている。地域に密着し、そこで暮らす人たちが必要とする情報を伝えるという「バジェット」の理念は、対象をアーミッシュとメノナイトに広げ、さらに広告という形で、サプリメントからアーミッシュ仕様の機械まで商品の情報提供を通じて今もしっかりと守られている。

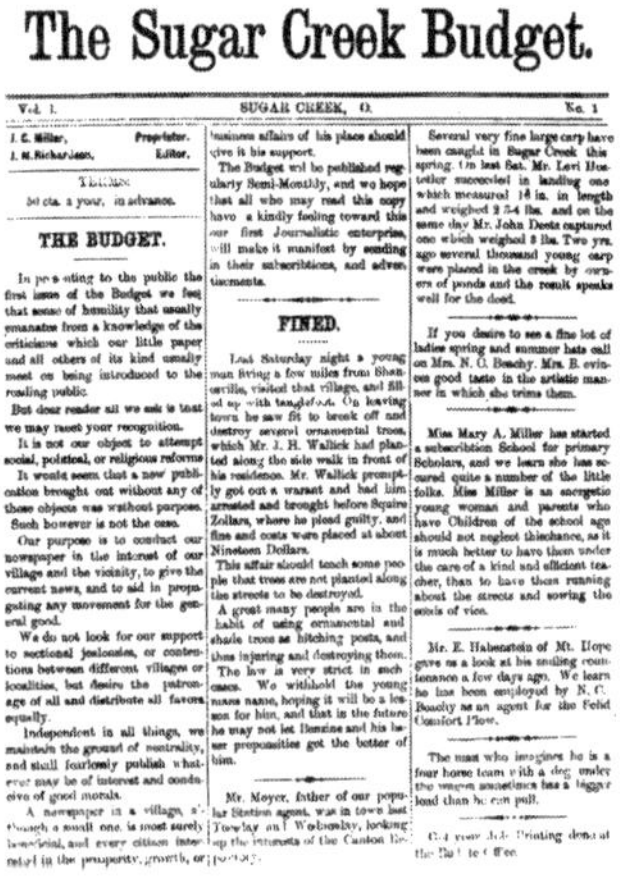

The Sugar Creek Budget.

Vol. 1. SUGAR CREEK, O. No. 1

J. C. Miller, Proprietor.
J. M. Richardson, Editor.

TERMS:
50 cts. a year, in advance.

THE BUDGET.

In presenting to the public the first issue of the Budget we feel that sense of humility that usually emanates from a knowledge of the criticisms which our little paper and all others of its kind usually meet on being introduced to the reading public.

But dear reader all we ask is that we may meet your recognition.

It is not our object to attempt social, political, or religious reforms

It would seem that a new publication brought out without any of these objects was without purpose. Such however is not the case.

Our purpose is to conduct our newspaper in the interest of our village and the vicinity, to give the current news, and to aid in propagating any movement for the general good.

We do not look for our support to sectional jealousies, or contentions between different villages or localities, but desire the patronage of all and distribute all favors equally.

Independent in all things, we maintain the ground of neutrality, and shall fearlessly publish whatever may be of interest and conducive of good morals.

A newspaper in a village, although a small one, is most surely beneficial, and every citizen interested in the prosperity, growth, or business affairs of his place should give it his support.

The Budget will be published regularly Semi-Monthly, and we hope that all who may read this copy have a kindly feeling toward this our first Journalistic enterprise, will make it manifest by sending in their subscriptions, and advertisements.

FINED.

Last Saturday night a young man living a few miles from Shanesville, visited that village, and filled up with tanglefoot. On leaving town he saw fit to break off and destroy several ornamental trees, which Mr. J. H. Wallick had planted along the side walk in front of his residence. Mr. Wallick promptly got out a warant and had him arrested and brought before Squire Zollars, where he plead guilty, and fine and costs were placed at about Nineteen Dollars.

This affair should teach some people that trees are not planted along the streets to be destroyed.

A great many people are in the habit of using ornamental and shade trees as hitching posts, and thus injuring and destroying them. The law is very strict in such cases. We withhold the young mans name, hoping it will be a lesson for him, and that in the future he may not let Benzine and his beer propensities get the better of him.

Mr. Moyer, father of our popular Station agent, was in town last Tuesday and Wednesday, looking up the interests of the Canton

Several very fine large carp have been caught in Sugar Creek this spring. On last Sat. Mr. Levi Hostetler succeeded in landing one which measured 18 in. in length and weighed 2 3-4 lbs. and on the same day Mr. John Deets captured one which weighed 3 lbs. Two yrs. ago several thousand young carp were placed in the creek by owners of ponds and the result speaks well for the deed.

If you desire to see a fine lot of ladies spring and summer hats call on Mrs. N. C. Beachy. Mrs. B. evinces good taste in the artistic manner in which she trims them.

Miss Mary A. Miller has started a subscribtion School for primary Scholars, and we learn she has secured quite a number of the little folks. Miss Miller is an energetic young woman and parents who have Children of the school age should not neglect thischance, as it is much better to have them under the care of a kind and efficient teacher, than to have them running about the streets and sowing the seeds of vice.

Mr. E. Habenstein of Mt. Hope gave us a look at his smiling countenance a few days ago. We learn he has been employed by N. C. Beachy as an agent for the Solid Comfort Plow.

The man who imagines he is a four horse team with a dog under the wagon sometimes has a bigger load than he can pull.

Get your Job Printing done at the Budget Office.

「バジェット」創刊号の第一面

「バジェット」の創刊号と第二号は、村に住む六〇〇人ほどの人たちに無料で配られ、三号からは講読料を徴収して読者を募った。一九〇〇年初めの購読料は年間一ドル。週刊新聞なので一年に四八回届くことを考えると、価格は相当安く抑えられている。その後、購読者数とその居住地域は口コミを中心に急速な広がりをみせ、創刊後五年で全米一八州に読者を持つようになり、一九〇六年には発行部数が五、〇〇〇部を超えた。それにともなって「バジェット」に掲載される情報も、シュガークリークにとどまらず全米規模になっていった。発行部数が二万部を超える現在、全米四九州のみならずカナダとヨーロッパの読者も、毎週水曜日発行のこの新聞を心待ちにしている。

創刊10周年の記念写真

「バジェット」以外にも、一九七五年創刊で、ペンシルバニア州ミラーズバーグに社屋を構える「ディー・ボートシャフト（Die Botschaft）」と、一九六九年創刊でペンシルバニア州カークウッドに拠点を置く「ダイアリー（The Diary）」も、アーミッシュの週刊新聞として読者を集めている。「ダイアリー」紙は発行部数が公表されていないが、「ディー・ボッツシャフト」紙は発行部数一一、〇〇〇部。いずれの新聞も読者からの投稿記事を中心に構成されており、複数の新聞を購読して両紙に投稿する人も少なくないが、一三〇年の長きにわたってアーミッシュに寄り添い、そのネットワーク作りに貢献し続けている「バジェット」への信頼は厚い。

## 教区便り

現在発行されている「バジェット」は四八面から成り、その大半を占めるのが、各教区から寄せられる「教区便り」である。カナダを含む北米には二、四〇〇を超える教区があり、毎週五〇〇から六〇〇もの教区から「教区の最新ニュース」がバジェット社に届く。春先の植付けの時期と秋の収穫期は、農作業の繁忙期なので五〇〇から五二〇程度で推移するが、収穫後から徐々に増え始め、冬の間は五八〇から六〇〇ほどの記事が投稿される。執筆者はすべて、その教区のメンバー、つまりアマチュア記者である。月ごと、あるいは季節ごとに交代する場合もあるが、毎回同じ執筆者が担当する教区も多い。

Serving the Amish-Mennonite Communities Throughout the Americas
THE BUDGET
National Edition • Wednesday, September 4, 2019
Index
In This Issue
DEADLINE NOTICE

「バジェット」の一面

「便り」は、まず天候の記載から始まる。続けて礼拝や聖餐式などの行事、メンバーの結婚や出産、死去が記され、さらに教区内で起きた大小さまざまな「事件」が述べられている。それは、「○○さん一家が馬車で走行中、車に追突され家族がケガをした」という、まさしく大事件といえるものから、「○△さんがランチ会に持ってきたザワークラウトがとてもおいしかった。寒さの中でじっくり発酵させたのがよかったらしい」というささやかな「事件」まで多種多様である。また冠婚葬祭や旅行などによる他州への移動、病気やケガなどメンバーの消息も欠かさない。

毎週水曜が発行日なので、記事の締め切りはその週の月曜日。記事の送信方法は、アーミッシュは郵送がメインだが、近くに住む人はバジェット社に直接持ち込むこともある。一方、メノナイトは郵送だけでなくメールによる送信も多い。この違いは、記事で取り上げられている行事やできごとが起きた時期の違いとして現れる。五月二十日水曜日発行の新聞であればアーミッシュ教区の記事は、前週五月十日の日曜日を中心に、その前後二、三日のことが記されているのに対して、メノナイト教区の記事には、五月十七日に行われた礼拝のことも、翌十八日のできごとも掲載されているのである。

読者はすべての教区のできごとに目を通すわけではない。「バジェット」が送られてくると、まず第一面に掲載されている「掲載教区索引」を見て、家族や親戚知人がいる、あるいは以前に暮らしていたなど、何らかの縁がある教区を探し、そのページを開く。そして懐かしい名前に懐かしい記憶を蘇らせ、メンバーの動向に一喜一憂しながら文字を追うのである。

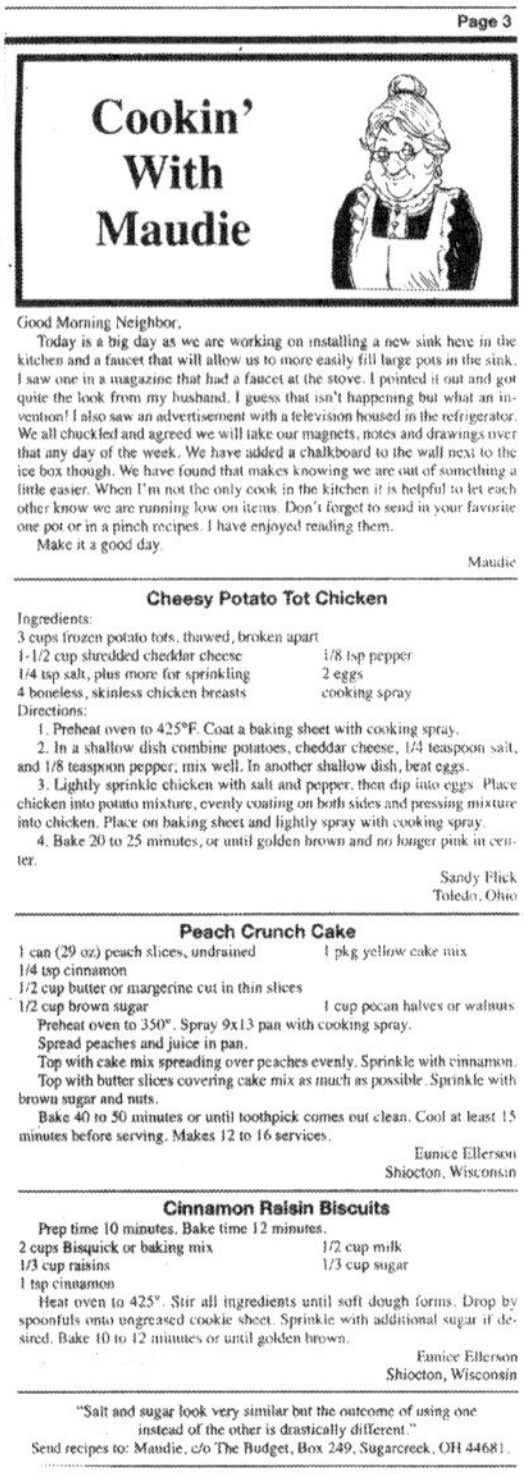

Page 3

# Cookin' With Maudie

Good Morning Neighbor,

Today is a big day as we are working on installing a new sink here in the kitchen and a faucet that will allow us to more easily fill large pots in the sink. I saw one in a magazine that had a faucet at the stove. I pointed it out and got quite the look from my husband. I guess that isn't happening but what an invention! I also saw an advertisement with a television housed in the refrigerator. We all chuckled and agreed we will take our magnets, notes and drawings over that any day of the week. We have added a chalkboard to the wall next to the ice box though. We have found that makes knowing we are out of something a little easier. When I'm not the only cook in the kitchen it is helpful to let each other know we are running low on items. Don't forget to send in your favorite one pot or in a pinch recipes. I have enjoyed reading them.

Make it a good day.

Maudie

## Cheesy Potato Tot Chicken

Ingredients:
3 cups frozen potato tots, thawed, broken apart
1-1/2 cup shredded cheddar cheese　1/8 tsp pepper
1/4 tsp salt, plus more for sprinkling　2 eggs
4 boneless, skinless chicken breasts　cooking spray

Directions:
1. Preheat oven to 425°F. Coat a baking sheet with cooking spray.
2. In a shallow dish combine potatoes, cheddar cheese, 1/4 teaspoon salt, and 1/8 teaspoon pepper; mix well. In another shallow dish, beat eggs.
3. Lightly sprinkle chicken with salt and pepper, then dip into eggs. Place chicken into potato mixture, evenly coating on both sides and pressing mixture into chicken. Place on baking sheet and lightly spray with cooking spray.
4. Bake 20 to 25 minutes, or until golden brown and no longer pink in center.

Sandy Flick
Toledo, Ohio

## Peach Crunch Cake

1 can (29 oz) peach slices, undrained　1 pkg yellow cake mix
1/4 tsp cinnamon
1/2 cup butter or margerine cut in thin slices
1/2 cup brown sugar　1 cup pecan halves or walnuts

Preheat oven to 350°. Spray 9x13 pan with cooking spray.
Spread peaches and juice in pan.
Top with cake mix spreading over peaches evenly. Sprinkle with cinnamon.
Top with butter slices covering cake mix as much as possible. Sprinkle with brown sugar and nuts.
Bake 40 to 50 minutes or until toothpick comes out clean. Cool at least 15 minutes before serving. Makes 12 to 16 services.

Eunice Ellerson
Shiocton, Wisconsin

## Cinnamon Raisin Biscuits

Prep time 10 minutes. Bake time 12 minutes.
2 cups Bisquick or baking mix　1/2 cup milk
1/3 cup raisins　1/3 cup sugar
1 tsp cinnamon

Heat oven to 425°. Stir all ingredients until soft dough forms. Drop by spoonfuls onto ungreased cookie sheet. Sprinkle with additional sugar if desired. Bake 10 to 12 minutes or until golden brown.

Eunice Ellerson
Shiocton, Wisconsin

"Salt and sugar look very similar but the outcome of using one instead of the other is drastically different."
Send recipes to: Maudie, c/o The Budget, Box 249, Sugarcreek, OH 44681.

毎号３面に掲載される
「モディおばさんの料理コーナー」

ここにオハイオ州シュガークリークにあるサウスウエスト教区の動向を追ってみよう。

二〇一九年一月九日号

「一月六日（日）　ここ四日ほど、晴れてはいたが、朝の気温は二℃前後だった。ところが今朝は八・三℃もあった。今日の礼拝はイーノス・L・ミラー家で行われ、インディアナから二人の司教が訪問された。昨年十一月末に手術を受けたサラ・メイ・ヨーダーはだんだんよくなっているが、まだ礼拝に出席できなかった。

一月二日（水）の夕食に、我が家をエルブ一家が訪問。昨日の土曜日は、インディアナの司教たちが我が家に泊まり、礼拝後に帰宅した。

（中略）

一月三日（木）に、アレン・J・ミラー司教宅で、未亡人たち五〇人ほどを招いて食事会が行われた。近くの学校の先生と生徒によるクリスマスの歌と劇が披露された。

マービン・ショウプの妻は、最近心臓にペースメーカーを入れた。回復は順調。

今日のひと言『完璧な友人を求める者は、ずっとひとりぼっちだ』

二〇一九年二月六日号

「二月三日（日）　先週の木曜日は氷点下二〇℃で、週末は雪が一五cm以上積もり、風も強く、非常に寒かった。今日の午後は一五℃まで上昇した。雪はほとんど溶けた。

今日の礼拝は、ジェリー・ミラー家で行われた。教区のメンバー以外に、他教区の司祭二人と若者数名を含む二〇人以上が参列した。ジェリーの息子、ジェレミーが洗礼を受けた。次回の礼拝は、二月十七日。今日と同じくヨーダー家で行われる予定。

昨年十一月末に手術を受けたサラ・メイ・ヨーダーが術後初めて参列した。彼女は二月五日（火）から、ダッチバレーレストランの清掃の仕事に復帰する予定とのこと。

一月二九日（火）に行われたバーバラ・エルブ（ルロイ・エルブの妻　享年六十四歳）の葬儀には三二五人が参列した。

明日二月四日には、六十九歳で亡くなったデイル・シュラバックの葬儀が行われる。

（後略）

今日のひと言『希望は太陽と似ている。時々輝き、時々かげる。しかし決してなくならない』」

この教区の執筆者は、「今日のひと言」を添えているが、これはむしろ少数派である。しかしわずか三〇世帯ほどでありながら、毎週、悲喜こもごもさまざまな「事件」が起こるのは、どの教区も同様である。執筆者はできごとを客観的に伝えているが、行間ににじみ出る喜びや悲しみ、同情の念が読む者の共感を誘う。特によく知る人の名前を見つけると、そのうれしい報せに安堵したり心踊らせたりし、つらい状況に心を痛める。そしてその思いを、手紙やカードに綴って相手に伝えるのである。

アーミッシュは長年、家に電話線を引くことが許可されていなかった。今でも許可されている教区はごく少数にとどまっている。電話での会話は相手の顔が見えないので、誰かのうわさ話や悪口に発展しやすく、それが人間関係にひびを入れかねないと考えられていたからである。一九九〇年ごろまで教区の一角に公衆電話が設置され、緊急時など必要に迫られた時だけ使われていた。そのため、手紙やカードを送り合うことで互いの親交を深めてきたのである。近年、携帯電話が普及しつつあるものの、ほとんどの教区は通話機能の利用を制限している。「自由に通話ができたとしても」と、四十代のあるアーミッシュの

ミラー夫妻の結婚 60 周年の祝賀会の告知

女性は言う。

「電話でお祝いや喜びの気持ち、慰めなどを伝えることはないと思うわ。その人のことを思いながら文字にすることで、より一層その人の気持ちに寄り添うことができるし、受け取った方は何度でも読み返すことができるから。電話の声は、一瞬で消えてしまうでしょう」

「バジェット」の教区便りが毎週伝える、数多くの生老病死と「事件」。そのひとつひとつの記事から透けて見える「人」の姿を通して、彼らは親交を深め、そして旧交を温め合うのである。

## 追悼記事

五面には、遺族による死亡公告が掲載されている。遺族が投稿した時期によるが、その多くは過去二週間ほどの間に亡くなった人たちである。数年前まで一面に掲載され、死亡者の数が多い週は一面だけでなく二面の一部も占めていたが、五面に移ったことでページを繰る必要がなくなった。

故人の名前と住所、生年月日、所属する宗派、死亡日時と死亡した場所が記されているのは、アメリカの地方紙に掲載されている死亡公告と同様だが、故人の年齢に関わりなく、両親の名前、配偶者がいればその名前と結婚した日、子どもたち全員の名前も書かれている。さらに故人に先立って亡くなった兄弟姉妹や叔父叔母、甥姪の数、場合によっては故人の人柄や以前住んでいた地域も書かれており、最後に葬儀が行われた日時と場所、埋葬場所が記載されている。このように多くの情報が盛り込まれているので、一記事の分量が多い。ここに二〇一九年十一月六日発行の「バジェット」に掲載された死亡記事の一部を抜粋しよう。

「ダン・R・トロイヤー」。享年九十七歳。住所（省略・筆者註）二〇一九年十月三十日（水）自宅で死去。

一九二二年一月十七日ウェイン郡生まれ。父はルディ・C・トロイヤー、母はアマンダ・トロイヤー（旧姓オットー）

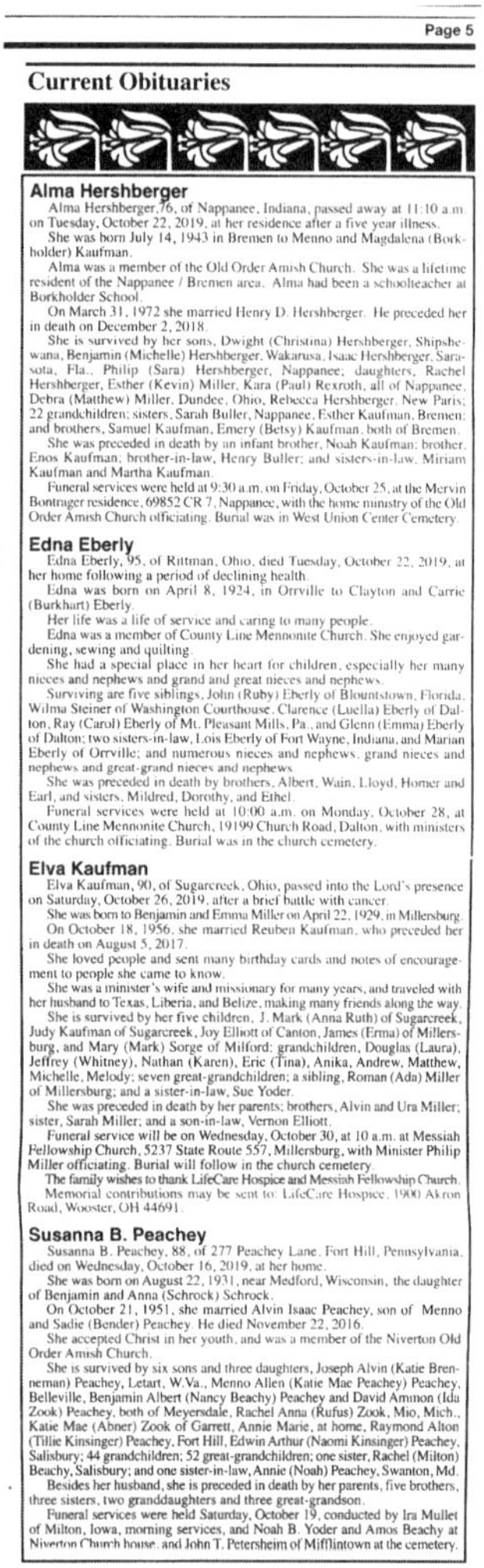

Page 5

**Current Obituaries**

**Alma Hershberger**

Alma Hershberger,76, of Nappanee, Indiana, passed away at 11:10 a.m on Tuesday, October 22, 2019, at her residence after a five year illness.

She was born July 14, 1943 in Bremen to Menno and Magdalena (Borkholder) Kaufman.

Alma was a member of the Old Order Amish Church. She was a lifetime resident of the Nappanee / Bremen area. Alma had been a schoolteacher at Borkholder School.

On March 31, 1972 she married Henry D. Hershberger. He preceded her in death on December 2, 2018.

She is survived by her sons, Dwight (Christina) Hershberger, Shipshewana, Benjamin (Michelle) Hershberger, Wakarusa, Isaac Hershberger, Sarasota, Fla., Philip (Sara) Hershberger, Nappanee; daughters, Rachel Hershberger, Esther (Kevin) Miller, Kara (Paul) Rexroth, all of Nappanee, Debra (Matthew) Miller, Dundee, Ohio, Rebecca Hershberger, New Paris; 22 grandchildren; sisters, Sarah Buller, Nappanee, Esther Kaufman, Bremen; and brothers, Samuel Kaufman, Emery (Betsy) Kaufman, both of Bremen.

She was preceded in death by an infant brother, Noah Kaufman; brother, Enos Kaufman; brother-in-law, Henry Buller; and sisters-in-law, Miriam Kaufman and Martha Kaufman.

Funeral services were held at 9:30 a.m. on Friday, October 25, at the Mervin Bontrager residence, 69852 CR 7, Nappanee, with the home ministry of the Old Order Amish Church officiating. Burial was in West Union Center Cemetery.

**Edna Eberly**

Edna Eberly, 95, of Rittman, Ohio, died Tuesday, October 22, 2019, at her home following a period of declining health.

Edna was born on April 8, 1924, in Orrville to Clayton and Carrie (Burkhart) Eberly.

Her life was a life of service and caring to many people.

Edna was a member of County Line Mennonite Church. She enjoyed gardening, sewing and quilting.

She had a special place in her heart for children, especially her many nieces and nephews and grand and great nieces and nephews.

Surviving are five siblings, John (Ruby) Eberly of Blountstown, Florida, Wilma Steiner of Washington Courthouse, Clarence (Luella) Eberly of Dalton, Ray (Carol) Eberly of Mt. Pleasant Mills, Pa., and Glenn (Emma) Eberly of Dalton; two sisters-in-law, Lois Eberly of Fort Wayne, Indiana, and Marian Eberly of Orrville; and numerous nieces and nephews, grand nieces and nephews and great-grand nieces and nephews.

She was preceded in death by brothers, Albert, Wain, Lloyd, Homer and Earl, and sisters, Mildred, Dorothy, and Ethel.

Funeral services were held at 10:00 a.m. on Monday, October 28, at County Line Mennonite Church, 19199 Church Road, Dalton, with ministers of the church officiating. Burial was in the church cemetery.

**Elva Kaufman**

Elva Kaufman, 90, of Sugarcreek, Ohio, passed into the Lord's presence on Saturday, October 26, 2019, after a brief battle with cancer.

She was born to Benjamin and Emma Miller on April 22, 1929, in Millersburg.

On October 18, 1956, she married Reuben Kaufman, who preceded her in death on August 5, 2017.

She loved people and sent many birthday cards and notes of encouragement to people she came to know.

She was a minister's wife and missionary for many years, and traveled with her husband to Texas, Liberia, and Belize, making many friends along the way.

She is survived by her five children, J. Mark (Anna Ruth) of Sugarcreek, Judy Kaufman of Sugarcreek, Joy Elliott of Canton, James (Erma) of Millersburg, and Mary (Mark) Sorge of Milford; grandchildren, Douglas (Laura), Jeffrey (Whitney), Nathan (Karen), Eric (Tina), Anika, Andrew, Matthew, Michelle, Melody; seven great-grandchildren; a sibling, Roman (Ada) Miller of Millersburg; and a sister-in-law, Sue Yoder.

She was preceded in death by her parents; brothers, Alvin and Ura Miller; sister, Sarah Miller; and a son-in-law, Vernon Elliott.

Funeral service will be on Wednesday, October 30, at 10 a.m. at Messiah Fellowship Church, 5237 State Route 557, Millersburg, with Minister Philip Miller officiating. Burial will follow in the church cemetery.

The family wishes to thank LifeCare Hospice and Messiah Fellowship Church.

Memorial contributions may be sent to: LifeCare Hospice, 1900 Akron Road, Wooster, OH 44691.

**Susanna B. Peachey**

Susanna B. Peachey, 88, of 277 Peachey Lane, Fort Hill, Pennsylvania, died on Wednesday, October 16, 2019, at her home.

She was born on August 22, 1931, near Medford, Wisconsin, the daughter of Benjamin and Anna (Schrock) Schrock.

On October 21, 1951, she married Alvin Isaac Peachey, son of Menno and Sadie (Bender) Peachey. He died November 22, 2016.

She accepted Christ in her youth, and was a member of the Niverton Old Order Amish Church.

She is survived by six sons and three daughters, Joseph Alvin (Katie Brenneman) Peachey, Letart, W.Va., Menno Allen (Katie Mae Peachey) Peachey, Belleville, Benjamin Albert (Nancy Beachy) Peachey and David Ammon (Ida Zook) Peachey, both of Meyersdale, Rachel Anna (Rufus) Zook, Mio, Mich., Katie Mae (Abner) Zook of Garrett, Annie Marie, at home, Raymond Alton (Tillie Kinsinger) Peachey, Fort Hill, Edwin Arthur (Naomi Kinsinger) Peachey, Salisbury; 44 grandchildren; 52 great-grandchildren; one sister, Rachel (Milton) Beachy, Salisbury; and one sister-in-law, Annie (Noah) Peachey, Swanton, Md.

Besides her husband, she is preceded in death by her parents, five brothers, three sisters, two granddaughters and three great-grandson.

Funeral services were held Saturday, October 19, conducted by Ira Mullet of Milton, Iowa, morning services, and Noah B. Yoder and Amos Beachy at Niverton Church house, and John T. Petersheim of Mifflintown at the cemetery.

お悔やみ欄

一九四七年一月二日、アンナ・B・トロイヤーと結婚。アンナは二〇一二年十月二十九日病没。

ダンはオールド・オーダー・アーミッシュで、長年農業に従事した。

遺族は、子ども八人。氏名はジョナス・トロイヤーと妻ディナ（同居）、ミルトン・トロイヤーと妻ローラ（ミラーズバーグ在住）……（以下略）、孫三六人、ひ孫五五人。ほかに義妹三人。氏名は、イヴァ・トロイヤー（メイスビル在住）……（以下略）。

ダンは、妻のほか、二人の成人した娘、エリザベス・チャップとデリア・トロイヤー、そして二人の幼い娘を亡くしている。また孫娘と男のひ孫、七人の兄弟と四人の姉妹も亡くしている。

葬儀は十一月二日、午前九時より自宅で行われた。遺体はプレイリー・タウンシップにあるウェンガード墓地に埋葬された」


ダンの死因は記載されていないが、半数程度は死因が明記されており、「長患いの末に」、「〇年間癌で闘病した」、「突然死」などに交じって「健康状態が徐々に悪化したため（from declining health naturally）」、「自然の要因によって（from natural causes）」のように老衰を示唆する記述を時折見かける。「老衰」を意味するgeromarasmusという単語を使わないこれらの表現は、人も自然の一部であり、その死は自然の成り行きであることを再認識させてくれる。また、死因に拘《かかわ》らず「安らかに亡くなった（passed away peacefully）」という文言が記されていることもあり、悲しみの中に一抹の安らぎを見出そうとする遺された家族の思いが透けて見える。

故人と遺族の個人情報を公にするこの死亡公告には、大きな意味がある。故人の名はもちろん、母親の旧姓も含めた両親の名前を記せば、転居などで疎遠になった親戚や知人の目に止まることがあるし、故人の子どもの名前を記すことで、旧知の人や子どもを介して繋がっていた人たちの目に留まることがある。懐かしい名前の訃報にお悔やみの手紙を出せば、それがきっかけで人間関係がより広がり、より深まるのである。

オハイオ州アップルクリークに住むある女性は、二〇一六年の冬に七十九歳だった母親を亡くした。

「自宅でね。その数年前から病気がちだった……　寂しいわ。寂しいというか、心にぽっかり穴が開いたままという感じよ」

「アーミッシュは亡くなって三日後に葬儀を行うことになっているから、葬儀を終えたあと『バジェット』に送る記事を書いたの。父の名前、私も含めた一四人の兄弟姉妹の名前、そして配偶者がいればその名前もね。母には二人の兄弟と六人の姉妹がいるのだけれど、姉妹二人を除いた六人は存命だから、その叔父叔母たちの名前も書いたわ。それから……」

彼女は、何か言い忘れていないかしらと思案げに言葉を切った。

「それから、母がここアップルクリークがあるウエイン郡の北、ホームズ郡出身だということもね」

その記事が掲載されたあと、かつての隣人や遠い親戚、きょうだいたちの元同級生やその親などから、お悔やみの手紙やカードが相次いだ。母親の若い頃のエピソードや母親への感謝の気持ちが綴られているものもあり、「どれも家族の気持ちを温めてくれたし、特に父にとって大きな慰めになったわ」とスージーは言う。このことをきっかけに再び行き来するようになった人たちもいて、「母からの贈り物だという気がするわ」と笑顔を見せる。

男性の正装用帽子の広告

このように「バジェット」の死亡公告は、単なる「お知らせ」ではなく、埋もれてしまったつながりを蘇らせ、絆を呼び覚ます役割を果たしている。いったん途切れてしまった人間関係は、歳月の風霜に埋もれてしまい、何かのきっかけで思い出したとしても、私たちの多くはそれを回復させる術をもたない。死亡公告を見て「どこかで聞いた名前だ」と思い、その他の情報を見て記憶を蘇らせることもあれば、記憶の片隅で気にかかっていた人の訃報と遺族の「今」に接することもある。うっすら姿を現した「つながり」を、再び記憶の底に戻すか回復させるかは、その人次第。何らかの事情で記憶の底に戻したとしても、それはその人にとってひとつの区切りになるのかもしれない。

「シャワー」と「ありがとうカード」(Showers and Cards of Thanks)

安定期に入った妊婦を囲んで開かれるベビーシャワーと、結婚前の花嫁を囲むブライダルシャワー。パーティー好きのアメリカ人らしく、主としてプレゼントを贈ることを目的に、家族や友人たちが集まって楽しい時を過ごす。

毎週「バジェット」に掲載されている「シャワー・アンド・サンクス」のコーナーは、病気やケガによって経済的、精神的苦境に立たされている人たちや、病と孤独の中にいる高齢者に物心両面のお見舞いを贈ることを目的としている。当事者の状況を説明し、住所を記載してサポートを呼びかけるのは、家族や親戚、友人たちである。毎週二〇から三〇の投稿があり、数週間にわたって同じ記事が投稿されていることも多い。掲載料は一ワードにつき一〇セント。記事の長さはさまざまだが、一記事五ドルから一〇ドルが多いようだ。

対象となる人の年齢と状況はさまざまだが、短い記事の中に彼らの人生と今のつらさを垣間見ると、たとえ面識のない人であっても力になりたいという気になる。いくつか例を挙げてみ

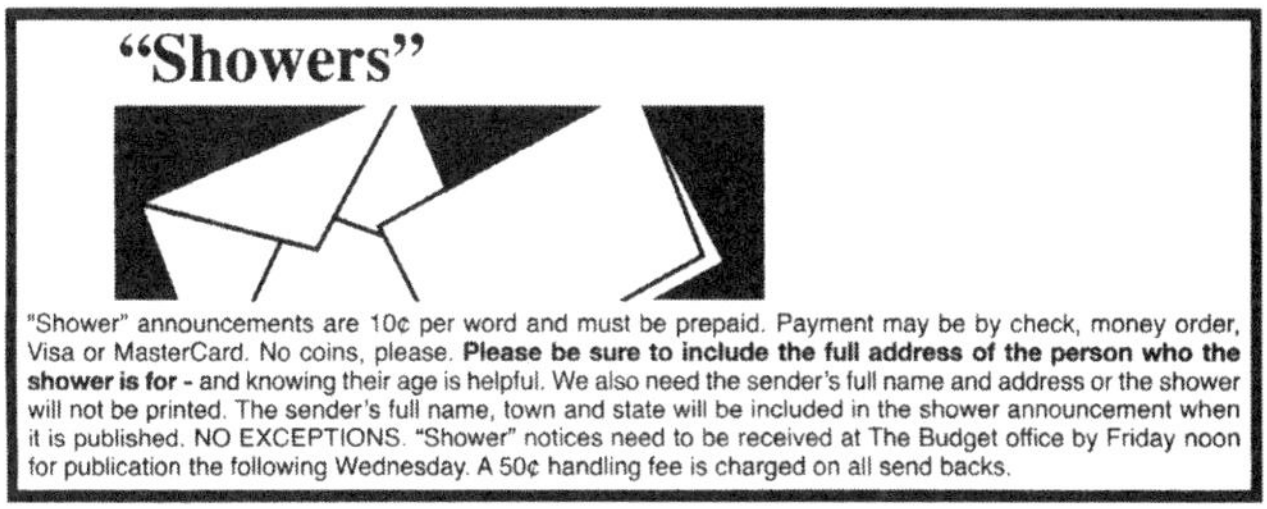


「シャワー」欄

よう。

「A・W・ハーシュバーガーに一ドル・シャワーと紙おむつを送りましょう。(以下住所)彼は腰の手術を受けたため、今働くことができません。そのうえ、昨年十二月二十九日に、女の子が生まれました。九人目の子どもです。最年長の子は十歳で、新生児も含めてまだ三人がおむつを必要としています。この育ち盛りの家族を助けてあげましょう。皆さんに感謝します。神の祝福を。叔母、D・ハーシュバーガー一家より」

「祖父R・L・ミラーに、誕生日のカードと手紙のシャワーをお願いします。三月二十二日に八十七歳になります。今は一日のほとんどを家で過ごす毎日です。祖母ファニーは、祖父の世話で忙しくしています。カードと手紙でふたりの暮らしを明るくしてあげて下さい。(以下住所)ありがとう、そして神の祝福がありますように。孫娘一家より」

「七十五歳のJ・トロイヤーと妻のアマンダにカード、手紙、そしてマネー・シャワー（お金のシャワー）をお願いします。訪問も大歓迎です。J・トロイヤーは、結腸がんで手術を受け、二週間入院しました。まだ非常に弱っています。多額の医療費がかかったので支援をお願いします。姪より」

「一ドル・シャワー」も「マネー・シャワー（お金のシャワー）」同様に寄付を募る表現だが、「一ドル」という言葉が、寄付する人に敷居の低さを感じさせてくれる。

「バジェット」のこのコーナーについて、あるアーミッシュの女性は

「よほどのことがない限り、毎週目を通すわ。同じような経験をしている人や似た家族構成の人のことが書かれていると、ささやかだけどサポートしたくなるわね。近くに住む人だと直接持っていくこともあるわ」

と話す。

また、心臓移植や腎移植、肝移植を受ける患者や、新生児を抱える未亡人、両親をガンで亡くした六人の子どもたちなど継続的な経済支援が必要な人を支えるために、友人知人が基金を設立し、寄付を募ることがある。このような記事は概して短く、囲み記事の体裁をとっている。他の記事には、当事者、送り先の住所が記載されているが、この囲み記事には、その代わりに銀行名とその住所、そして私書箱の番号のみが書かれている。これはつまり、お金にしても手

紙にしても、送り主の志が、物理的にも精神的にも受け取る側の負担にならないための心遣いであろう。

「シャワー」コーナーの隣には、「ありがとうカード」のコーナーが設けられている。掲載料は「シャワー」コーナーと同様、一ワードが一〇セント。どの記事にも、呼びかけに応えて寄せられた心遣いに対する感謝の言葉が綴られている。以下はそのほんの一例である。

ありがとうのコーナー

「八月一日の私の九十歳の誕生日に、知り合いもそうでない人もたくさんの友人たちがカードを送ってくれました。二〇〇通以上が届きました。本当にどうもありがとう。ポストを開ける時もカードを読む時間も、特別な時間でした。皆さんに神の祝福を。M・スタッツマン」（十一月六日号に掲載）

「障がいのある息子（special son）、デヴィの四十歳の誕生日に、カード、手紙、シール、お金、プレゼントを送ってくれた方々に感謝します。知り合いもそうでない人も送ってくれました。デヴィは、一ヶ月にわたって届けられたさまざまな種類の一六五通のカードをとても喜んでいました。二本のハーモニカが買えるほどのお金も受け取りました。おひとりおひとりに神の祝福がありますように。そしてシャワーを呼びかけてくれたJ・ミラー一家に感謝します」

「仕事中に事故にあってから、知り合いもそうでない人も、多くの友人たちからカード、祈りと励ましの言葉、お金をいただいたことを心から感謝します。あれから三ヶ月が経ち、かなりよくなってきました。杖をつきながらですが、歩けるようになり、車で出かけられるようになりました。シャワーを呼びかけてくれたメアリーに感謝したいと思います」

生きている以上、病気やケガは避けられず、それは往々にして、失業、貧困、孤独などの人生の暗部に本人と家族を引きずり込む。アメリカの保守派の人々は、貧困層が抱える問題を取り上げて、「そうした人々は人生設計に失敗したか、努力をしなかったかのどちらかだ」と断じる。また日米問わず、「病気は自己責任」という考え方が根強く、病気になってしまった人をさらに追いつめる。食生活の改善や禁煙など健康維持のために個人でできることもあるが、同じような生活習慣を持つ人でも、病気になる人とならない人がいることを考えると、体質を初めとする様々な要因、つまりファクターXが作用していると考えられる。

このファクターXを考慮せず、病気の原因を全面的に個人の不摂生に負わせる風潮を反映して、アメリカでは健康人に対する保険料の優遇措置が検討されたし、日本で二〇一六年には国会議員の有志が「健康ゴールド免許」の導入を提案した。さらには二〇一八年に、閣僚の一人が「不摂生をして病気になった人の医療費の税負担はあほらしい」と発言して物議を醸した。病人を責めたりペナルティーの対象にしたりするのではなく、生活習慣や心理的要因の改善プログラムを提供する方が、長期的に見ると、医療費抑制につながると考えられる。

アーミッシュは、この「ファクターX」を神の意志と捉えている。すべては神がよりよい善をもたらすための大きな計画の一部であり、いかに力を尽くしても望む結果が出なかった時、神の意思がそこにはなかったと考えるのである。しかしたとえ神の意思によるものであるにせよ、禍の渦中にいる人に対する援助は惜しまない。それはアーミッシュだからというよりむしろ、私たちも含めた多くの人の心に備わっている共感心とやさしさによるものだろう。図らずも苦境に立たされている人に対して、幸いにも今そのような状況にない人が、できる範囲でおすそ分けしたいと思うのは自然なことだ。

私たちは個人レベルでの支援を訴える手段をもたないし、支援が必要な人を知る術もない。ブログやSNSなどを利用するという方法もあるが、匿名性が高いので発信する側も受信する側も警戒してしまう。しかし、この「シャワー・アンド・サンクス」コーナーでは、すべての投稿記事が実名で掲載されているだけでなく、詳細な住所、家族の名前と居住地も記されている。それは、読者と編集者が「バジェット」をひとつのコミュニティーととらえ、一人ひとりをそのメンバーだと考えているからであり、だからこそ個人情報の公開に抵抗がないのだろう。支援が必要な人を、「病人」、「一人暮らしのお年寄り」、「生活に困っている人」などのように漠然と表現するのではなく、住所氏名、そしてそれぞれの状況が書かれているので、私たちはその存在をよりリアルに感じ、少しでも力になりたいという気持ちが強く湧き上がってくる。このことが支援の輪を広げる大きな推進力になっていると言えよう。

## 情報を求む（Information, please）

毎号三五面には、「情報を求む」コーナーが掲載されている。読者の疑問や質問に読者が回答を寄せるもので、ハーブを使った民間療法のレシピ、うろ覚えの本のタイトル、病気や体の不調への対処法、かつての隣人の消息等々、実にさまざまな質問が寄せられる。中には、「長年使っている鍋の取っ手が外れた。使い勝手がいいので修理したいが、部品が手に入らない」と、その鍋に刻印された製造所と思しきイニシャルを記載して情報を求めたり、「ヒキガエルを殺してはいけないと子どもの時に聞いたのだが」とその真偽を尋ねたりする投稿もある。「ヒキガエル」の投稿については、掲載一ヶ月後あたりからかなり多くの回答が寄せられた。「ヒキガエルは虫を食べてくれるから役に立つ。殺さないほうがいい」、「聖書に『ヒキガエル

秋にはフロリダ行きのバスの広告が多い

アーミッシュ向けの携帯電話の広告

を殺してはいけない』とは書かれていないが、虫を食べてくれるし、共に生きる仲間だから殺してはいけない」など、すべての回答がヒキガエルの殺生を戒めるもので、中には「ヒキガエルの歌」という自作の詩を送った人もいた。

「かわいくないかもしれないし、色もパッとしない。
でもお天気のいい日中は、とても静かな奴なんだ。
しかし陽が沈んで、あたりが暗くなると、
一晩中、美しい花を守ってくれる。
甘く美しい花を食い荒らし、
無残な姿にしてしまう虫たちを食べてくれるから。
だから庭にその姿が見えなければ
探しに行こう。そして見つけたら、そっと庭に連れて来てあげよう」

高齢者に関する質問も多い。これは二〇一八年二月に掲載された「八十歳の兄を持つ妹」からの投稿である。

「八十歳の男性が忙しくなるようなアイデアを下さい。近くに住む兄は、働くのが大好きで、キルトの会では私たちが印をつけた布を切ってくれたり、夏には近所の人の車を洗って喜ばれたりもしています。冬の間は手持ち無沙汰です。手で簡単に組み立てられるようなものを知っていますか」

この質問に対しても、「ご近所の、小さな子どもがいる家庭を訪ねてみて下さい。修理などの仕事をしてくれる人を待っているはずです」「木工品を作って土産物店に卸しては？　まず見本を作って持っていくことをお勧めします」といった回答がいくつも寄せられている。

「バジェット」の読者は、読者が集う場という意味を込めて、紙面を「バジェットランド（Budgetland）」と呼んでいる。特にこの「情報を求む」コーナーには「バジェットランド」のよさが存分に発揮されているが、編集側は投稿記事の内容に釘をさすことも忘れない。このコーナーの最後尾に、質問と回答の送り先、そして到着順に記事が掲載されることを記した「お知らせ」が、毎号必ず掲載されているが、さらに「このコーナーに投稿された民間療法を試す前に、まず主治医に相談することを強くお勧めします」の一文が明記されている。もちろんトラブルが生じた場合に責任を回避する意図もあるが、民間療法の採否は自己責任とはいえ、安易に民間療法に頼ってはいけないことを教示しているのである。

「バジェット」がつなぐ一族の絆

二〇一九年一月二十三日号の「バジェット」に一つの広告が掲載された。フロリダに住むメノナイトのレイバン・ボントレガー（六十四歳）が、祖父母と彼の父を含めたその一二人の子どもたちの名前を挙げて、「一族大集合」を呼びかけたのである。

彼の祖父、ダニエル（一八七二〜一九四五）と祖母、サラ（一八八〇〜一九三四）の九番目の子どもが、レイバンの父ジョナスであると紹介し、「いとこやはとこも含めて、きっと多くの親戚がいるはずだが、会ったことがないだけでなく、お互いにいることさえ知らない人が多いはずだ」と祖父母の兄弟姉妹や自身の一一人の叔父叔母たちが、それぞれファミリー・ツリーを大きく広げていることに思いを馳せている。そして、「三月十六日、兄ダニエル・E・ボントレガーの農場で『一族の集い』を開催するので是非参加してほしい」と呼びかけ、「初めての人は会えることを楽しみに、付き合いのある人は絆をより一層深めることを楽しみにしている」と締めくくっている。

三月十六日、「一族の集い」当日。正午から始まった集いには、メノナイトを中心に一六五人もの親戚が集まった。会場はダニエルの農場に隣接する大きなロッジ。フロリダ近郊に住む七人の兄弟姉妹とその配偶者が総出で準備したという。

開会のスピーチの後、小学校のランチホールのように広いロッジで、レイバンら主催者も含めて二〇〇人近くが一堂に会するにぎやかな昼食が始まった。料理は種類も量も、そして味も〝ｂｉｇ〟のひと言に尽きる。メニューの一例を挙げると、ローストチキン、豚肉の煮込み、地元産の新鮮な野菜を使ったサラダバー、ビーツのロースト、トウモロコシとジャガイモの重ね焼き等々。さらにアーミッシュの集まりに欠かせない焼き菓子を初めとするスイーツが数種類並ぶ。

会場いっぱいに広がるいい匂いと明るいざわめき。たっぷりの料理があらかたなくなる頃には、席の近い同士に旧知の間柄の人たちが声をかけて、会話の輪が広がっていた。コーンホールゲーム大会が始まると、子どものようにはしゃぎながらゲームに参加する人々。こうして会場は、日が暮れるまで笑顔と活気に包まれていた。コーンホールゲームとは、乾燥させたトウモロコシ四五〇ｇを袋に入れ、それを穴に投げ入れるゲームである。うまく穴に入れば三点、命中しないまでも穴に引っかかっていれば二点、穴のまわりに置いたボードに乗っただけなら一点が加算され、早く二一点に達した個人またはチームが勝ちである。この時は、乾燥トウモロコシの代わりに乾燥豆を詰めた袋が使われ、お年寄りと若い人の混合チームで競い合って、

ボトレンガー一族の集い

大いに盛り上がった。
　午後七時。フロリダの太陽が地平線の向こうに隠れ、あたりは黒色がかった濃紺に包まれた。しめくくりは賛美歌。アーミッシュとメノナイトの伝統に則って、楽器による伴奏なしで、全員で賛美歌を歌い、会はおひらきになった。

　レイバンの両親はともにアーミッシュの家庭で育ったが、結婚を機に規律が緩やかなメノナイトに転向し、彼が三歳の時にオハイオからフロリダに引っ越してきた。

「アーミッシュもメノナイトも共に再洗礼派で、宗教的な迫害を逃れてヨーロッパからアメリカにわたったことも同じだ。父の兄弟姉妹にもアーミッシュもいればメノナイトもいる。そこにはなんのわだかまりもないよ」

と彼は言う。アーミッシュは車を運転しないので、オハイオやインディアナ、ペンシルバニアの各州に多く住むアーミッシュの親戚は、当日参加できない人が多かったが、「たくさんのメッセージが送られてきた」と言う。

「この集いをきっかけに、ずっとつながっていた人たちの絆はますます強くなり、歳月に埋もれ、切れかかっていた絆は修復され、そして新しい絆が生まれた」

とレーベンは言う。

「これも『バジェット』のおかげだよ。五年以内に、もう一度集まろうということになったんだ。誰が参加できるか、誰にもわからないけれどね」

# 第三章

古き良き時代を彷彿とさせるアーミッシュの暮らし。彼らは一八〇〇年代の暮らしぶりを今に伝え、それを守り続けて今を生きている。アーミッシュの社会が二〇〇年以上にわたって存続しているだけでなく、その数が二〇年ごとに倍増していることに私たちは驚きを禁じ得ないが、その理由として、一章で見てきたように、彼らが進展著しい一般社会とうまく折り合いながら、日々の暮らしを紡いでいることが挙げられる。時には現代文明を保護色としてまとい、またある時は現代文明の享受者に擬態しながらアーミッシュとしての生き方を守り続けているのである。

また、コミュニティーの存在も重要な役割を果たしている。同居する家族だけでなくルーツを一にする親戚やその係累も含めた家族コミュニティーと、同じ教区の三〇前後の世帯を中心にした地域コミュニティーが織りなす「クモの巣のように張りめぐらされた」人間関係が、彼らの暮らしを支え、一人ひとりに満足感と安心感を与え、ひいてはアーミッシュ社会の発展に大きな力を発揮しているのである日本やアメリカのみならず、現在、経済的な豊かさを享受している国々では、かつては都市部の人々も、家族と親戚のコミュニティーに地域コミュニティーが絡み合った重層的な社会の中で生きていた。そこには助け合いがあり、世代を超えたつながりがあり、その中で生まれる温かい絆と思いやりがあった。もちろんトラブルや気持ちの行き違いは避けられないが、コミュニティーの自浄作用が決定的な事態に発展することを妨げてくれた。周囲が時には厳しく、また時にはやさしく諫め、戒め、そして助言し、コミュニティー全体が緩衝材の役割を果たしたのである。これはさまざまな世代が共に生きているからこそ、可能だったといえよう。

しかし時代が進み、文明が発達すると、コミュニティーはその姿を変えた。まず「家族」という言葉が同居している人たちだけを指すものになった。家族はそれぞれ、仕事、学校、趣味などを共通項にするコミュニティーの中で活動するようになり、同種のコミュニティー同士のつながりはあるものの、地域コミュニティーは衰退の一途をたどっていった。それに伴って都市部では助け合いどころか人と人との結びつきが希薄になり、「隣に住んでいる人の顔も知らない」ということも珍しくなくなった。このような趨勢の中で、高齢者は次第にその居場所を失っていったのである。

日本では、特に都市部における高齢者の孤立と孤独が問題になっている。多くの若い人たちが故郷を離れて都市部で職を得、職を退いた後もそこに住み続け、そして老いていく。大半が核家族であり、子どもたちが地域の学校に通っていた時は、地域コミュニティーの一員として活動していても、大学進学や就職などによって子どもを通した縁が切れ、更に子どもたちが巣立ってしまうと、高齢者は取り残される。特に配偶者を亡くした高齢者は、孤立と孤独を深めることが多く、それが認知症状の悪化や精神疾患発症の引き金になりかねない。

このような状況に対し、自治体やＮＰＯが高齢者対象のプログラムを設けたり、全国老人クラブ連合会が全国各地の市区町村に老人クラブを設立したりして参加者を募っているが、都市部やその近郊における参加率は限定的である。その理由として「人間関係がわずらわしそう」「枠にはめられず、したいことを自由にしたい」という二点を挙げる人が非常に多いという。つまりしがらみや制約を避けて、気ままに過ごすことを望んでいるのである。確かに、現役時代は、たとえやりたくないことでも、やらないと仕事や家庭が立ちゆかなくなることがわかっていた。しかしその時期を経て、人間関係に頭を悩ませたり既存の枠に縛られたりしたくないと思うのは、当然のことなのかもしれない。

日本の農村部における「結」の消失

一方、地方の農村部における地域コミュニティーも大きく変化した。若い世代の都市部への流入によって過疎化が進み、取り残された高齢者は、昔なじみとの日常的な行き来やささやかな助け合いをよすがにしながら暮らしているが、世代を超えたつながりと、「結」とよばれる地域コミュニティーとしての相互扶助は影を潜めてしまった。

「結」はかつての農村部の暮らしには欠かせないものであった。よく知られているのが、岐阜県白川村の「結」であろう。白川村は、明治初期に白水の滝と大白川温泉がすでに「名所」として紹介されていたが、昭和四〇年代に、旧国鉄のディスカバージャパン・キャンペーンで大きく取り上げられたことをきっかけに観光地として人気を集めるようになった。その後一九九五年に世界文化遺産登録されてから、内外からの観光客数は右肩上がりに増加し、二〇一九年現在、人口約一、六〇〇人のこの村に年間一、七〇〇万人を超える観光客が訪れている。

合掌造りの家並みが壮観な白川村の集落は白川郷と呼ばれるが、白川郷の景観が注目を浴びるようになると、そこに住む人々の生活にも関心が向けられるようになった。かつてはどこの村でも行われていた「結」だが、白川郷の「結」がクローズアップされると、それが醸し出す温かいイメージが都市部からの観光客の心をとらえ、白川郷の景観と相まって注目されるようになったのだろう。

白川村は古くから養蚕が盛んで、大きな合掌造りの家は、三〇人から四〇人もの家族や親戚が暮らす住居であると同時に作業場でもあった。どの家も養蚕だけでなく農業にも従事していたので、田植えや稲刈りなどの農作業も含めて近隣同士の「結」は欠かせないものだったが、「結」がもっとも大きな力を発揮したのが、茅葺屋根の葺き替えの時であった。

茅葺き屋根は、数年に一度メンテナンスが必要だが、二〜三〇年に一度、全面的に葺き替えなくてはならない。家は作業場も兼ねているので短期間で作業を終えねばならず、その家の住人だけではとても手が足りない。そのため村人が総出で力を貸し、「持ちつ持たれつ」「情けは人の為ならず」の精神で互いに協力し合うのである。働き盛りの男性が実際の作業に携わり、女性陣は軽作業や飲食の準備を行った。子どもたちも地域コミュニティーの一員として子守と簡単な仕事を任され、高齢者は全体をまとめ、アドバイザーの役割も果たしていた。

高齢化と観光客の急増によって白川村の人たちの暮らしは大きく変わった。一九七五年の調査で10・5％だった高齢化率が、一五年後の一九九〇年には19・7％と二倍近くになり、さらに二〇一五年には31・8％に達した。この急速な高齢化に加えて、多くの世帯が観光業で生計を立てるようになったので、一九〇戸ほどある農家の八割以上が、自分たちで使う作物だけを生産する自給農家に変わった。そのため農作業での「結」はほとんど影を潜めている。また、家屋は木造工法や鉄骨造、あるいは二×四工法などの新しい建築様式で建てられるので、「結」が欠かせない茅葺き屋根も姿を消した。観光客で賑わう本通りからかなり外れたところに、茅葺き屋根の家屋が点在しているが、葺き替えは業者に委託するという。

鹿児島県与論島でも、農作業と茅葺屋根の葺き替えに「結」は欠かせないものであった。鹿児島県最南端の島、与論島は、鹿児島空港から飛行機で約一時間二〇分、青く澄んだ海と白い砂浜が『死ぬまでに行きたい世界の絶景・日本篇』に紹介されている美しい島である。二〇一九年現在、人口五、五〇〇人。その三割近くが七十歳以上の高齢者である。

一九七〇年台の始め、「常夏の楽園」として主に東京の若者たちの注目を集めていた与論島は、旧国鉄のディスカバージャパン・キャンペーンで取り上げられたことも相まって、観光ブームに沸いた。海岸沿いを中心に大型ホテルが何軒も建てられ、多くの民宿が新規に開業して観光客を受け入れた。また昔ながらの商店が静かな賑わいを見せていた、島の中心部にある茶花地区は、飲食店やスナック、土産物屋などが立ち並ぶ繁華街に姿を変えた。観光ブームが去った今、大型ホテルは廃墟となってブームの残骸をさらし、茶花地区にも空き店舗が目立つ。島のお年寄りのひとりは「さとうきびの島に戻っただけだよ」と言うが、働く場所が少ないこともあって、毎年人口の流出が著しく、過疎化が進んでいる。

与論島の歴史と風俗を紹介する「与論民族村」村長の菊秀史氏の妻は、

「昔は『結』の心で『結』がふだんの暮らしの中でふつうに行われていて、特に茅葺屋根の葺き替えの時は、村中が集まって手伝ったものだったね。自分のところだけでできるものじゃないからね。今？　今は茅葺屋根の家は少ないし、手伝える人も多くないから葺き替えの時は、みんな鹿児島の業者に頼むのよ」

と話す。茶花地区で土産物店を営む七十代の女性は、

「うちは代々農家でね、畑は主人と息子が守ってるよ。自分とこの農園で採れた野菜やら島の土産物やらを売ろうと思って、この店を作ったのよ。「与論」がカタカナで書かれていた頃よ」

「そう言ってもピンとこないよね。大阪万博のちょっと後ぐらいだったかね、この島に観光客が押し寄せた時期があったのよ。テレビや雑誌で紹介されたのがきっかけ。鹿児島と沖縄から飛行機で来られるようになったからね。それまでは、鹿児島から一番速い船でも二三時間、ふつうの船なら三〇時間以上かかったから。そのころ、お店の看板もパンフレットもカタカナで「ヨロン島」って書いたものが多かった。何となく外国風だよね」

――「結」は残っているのかしら。

「昔はね、さとうきびの収穫や汁絞り、茅葺き屋根の葺き替えなんかの時に、みんなで融通し合って手伝ったり手伝ってもらったりしたものだった。みんな総出で手伝ったから、作業がはかどったし楽しかったね。今はもちろん近所付き合いはあるけど「結」の機会はまずないね。刈り取ったさとうきびにしても、工場に持ち込むだけだから。若い人も年寄りも、その時期には工場でパート勤めする人が多いよ。二月、三月の観光客がまだ少ない時期だから、店を閉め

て働く人も結構いるわね」

白川郷と与論島に共通するのは、近代化に歩調を合わせて現代文明を無条件に受け入れ、観光ブームに席巻された点である。それによって地域は現代文明の恩恵に浴し、物質的な豊かさを享受するようになったが、暮らしの中に散らばる文明のかけらは周囲とまだうまく馴染んでおらず、継ぎを当てたような印象を与える。更に観光ブームは、「結」の衰退に見られるように地域コミュニティーを変質させた。その影響をもっとも大きく受けるのが高齢者である。従来の地域コミュニティーは、世代を超えた絆と助け合いが、高齢者の居場所を作り、介護を含めた高齢者へのサポートを可能にしてきた。しかし、世代の偏りと職業の多様化によってコミュニティーの質が変わり、便利な品々の普及と生活の外注化によって「結」の必要がなくなったのである。

白川村でも与論島でも、高齢者の多くは「体が動くうちは、庭の畑で野菜を作ったり繁忙期の店をパートで手伝ったりする」し、「庭の畑に出れば、通りかかった近所の人が声をかけてくれて、立ち話をすることもある」けれど、一日の多くを「テレビのお守りをして過ごす」という。都市部で暮らす子どもたちから同居の誘いがあっても、「今さら知らない土地に住む気にはなれないし、病気にでもなれば、住み慣れた所が一番安心できるはず」と肯んじない。

与論島で生まれ育ったある高齢者は、

「そりゃ、頑固だって言われるよ」

と苦笑いする。

「でもこればっかりはしかたがない。島バナナの木を東京に植え替えても育たないようなものでね。体が動かなくなってもなんとかなるさ。この時代、町も放っておかないだろうからね」

と話す。

「昔とはずいぶん違うよ。昔は体が不自由になったお年寄りがいれば、みんなで気にかけたものだった。お年寄りも、気が向けば家の前で日向ぼっこしたりうろうろしたりしていてね。通りかかって挨拶すると、『あんた、歳はいくつになったんかね』と聞かれる。答えると『ほぉ、そんなになったんか』と言うんだけど、少し後にまた通りかかると、呼び止められて『あんた、歳はいくつになったんかね』と聞かれるんだ。年寄りっていうのはそんなものだと思っていたから、うちのじいちゃんばあちゃんや親がそうなった時、ああそうかという感じだったね。ぼけたり動けんようになったりしたら、みんなで支えるしかなかったんだよ」

信仰に支えられたアーミッシュの「結」

一方、アーミッシュの社会には、農作業、冠婚葬祭、納屋作りなどさまざまな場面で「結」が依然として存在している。地域コミュニティーがその役割を果たし、世代を超えたつながりがあるからこそ「結」が機能するのである。彼らは、観光ブームにあってもアーミッシュとしての「個」を頑ななまでに守り、アーミッシュ全体にとって何が善かを常に模索する。それを支えているのは、迫害の記憶に裏打ちされた強い信仰心である。

アーミッシュは常に神と向き合い、神の存在を通して他者を意識し、自己と対峙する。そしてコミュニティーは、単に「個」の集合体ではなく、そこには神の意思が存在し、それを反映するものであると考えている。つまりアーミッシュにとって、コミュニティーの中で生きることとは神の意思を体現することであり、コミュニティーの存続は神との関係を継続することなのである。アーミッシュ社会の「結」は、「持ちつ持たれつ」あるいは「情けは人の為ならず」という意識だけでなく、神への奉仕という意識がベースになっている。

イエスは、神の国を建てる時、地上の人々をふたつに分け、「正しい人」にこう言った。「あなた方は私が空腹の時に食べさせ、乾いていた時に飲ませ、旅人であった時に宿を貸し、裸であった時に着せ、病の時に見舞い、獄にいた時に訪ねてくれたからである」（マタイによる福音書25章35〜36節）。この言葉を聞き、いつ自分たちがイエスにそのようなことをしたのだろうかと訝しむ「正しい人」たちに、イエスは「私の兄弟であるこの最も小さい者の一人にしたのは、私にしてくれたことなのである」（25章40節）と応じたのである。

アーミッシュは、神に奉仕することで何らかの見返りを期待するつもりは毛頭ない。自然、肥沃な土、日々の糧、家族等々の豊かな恵みを授けてくれる神に感謝し、たとえ僅かでも報いたいと考えているだけなのである。

アーミッシュの暮らしにはさまざまな制約があるが、随所に「結」の心が息づき、「結」が実践されている。このようなコミュニティーはあらゆる世代の人たちの生きやすさを実現するが、特に高齢者を安心感に包み、その老後を心豊かなものにしてくれる。高齢化が進展し、従来のコミュニティーを見失った今、私たちは新しいコミュニティーのあり方と新しい「結」の形を模索する必要があるのではないだろうか。

### 新たなコミュニティーのあり方　中国桂林市の事例

中国の友人たちは、その多くが、幼い頃は祖父母に育てられ、結婚後、両親に子どもを預けて働いてきた。いずれは孫育てに力を注ぐのだろう。農作業を退いた高齢者が、両親に代わって孫の世話をするという、かつて多くの国や民族で行われていた子育ての形態が、中国には未だ伝統として残っている。現在、都市部では二十代から五十代の女性の七割前後が仕事を持っており、保育園が不足していることもあって、多くの祖父母が家事と子育てを全面的に担っている。そのおかげで、働く女性たちは男性と同様に、長期出張や海外出張もこなして活躍することができる。また農村部では女性も重要な労働力なので、家事と子育てに祖父母の協力は欠かせないし、農閑期には祖父母に子どもを預けて出稼ぎに行く両親も少なくない。

中国でも高齢化の進展が著しく、一九八〇年に六十六・八四歳だった平均寿命が二〇一八年には七十六・七歳と大幅に伸びた。このことは、「孫育て」を終えた高齢者の老後が非常に長いことを意味する。特に教育熱心な親が多い都市部では、学齢に達した子どもたちは塾や習い事で非常に忙しくなるので、祖父母は早い時期から手が空くだろうし、中学に進学して子どもたちが補習や塾通いでさらに忙しくなると、祖父母は時間を持て余しているかもしれない。受験に特化した全寮制の学校に入って、週末だけ自宅に戻るという子どもも少なくないという状況も考えると、中国の都市部に住む高齢者がどのように過ごしているのか、かねてから気になっていたのだが、二〇一九年の初夏、偶々中国桂林市を訪れる機会があった。

風光明媚な中国桂林のタワーカルスト

桂林市は中国南部、西チワン族自治区の北東部に位置している。西チワン族自治区の人口はおよそ四、九〇〇万人。その40％弱を少数民族が占めており、中国に暮らす五五の少数民族のうち一二の民族がここで暮らしている。人口約五三〇万人の桂林市は、カルスト地形で有名な観光地で、塔のようにそびえ立つタワーカルストが点在し、自然が造り上げた壮大で風光明媚な景観が多くの観光客を惹きつける。また温暖な気候を生かした農業と、豊富な鉱物資源を活用した鉱工業が盛んな経済的に豊かな地域である。

中心部にある秀峰区。多くの店がすき間なく軒を連ねる大通りを中心に、細い通りが葉脈のように広がっており、通りの両脇には住宅とアパートがぎっしり立ち並び、公園や学校が点在している。午前一〇時ごろになると、公園に三々五々、多くの人たちが集まってくる。幼い子どもを連れた祖父母や母親、笑顔でなにか話しながら散歩を楽しむ人たち、ベンチで物思いにふける人。皆が思い思いに時を過ごしている光景は日本の公園と変わらないが、そこかしこで一〇人前後の人たちが集まっている。その多くが高齢者のようだ。

大きな池のそばには、池の水に子どもの背丈ほどもある大きな筆を浸して路面に達筆な水文字を書き、笑顔で批評し合っている人たちがいる。木陰では七、八人が真剣な表情で太極拳を楽しんでいるし、公園のあずま屋のベンチにラジカセを置いて、流れる音楽に合わせてゆった

水文字

路面を紙に見立てて水文字を書く

りと踊る人たちもいる。皆はつらつとした表情で手足を動かし、その合間に会話も楽しんでいる。散歩をしていた五十歳前後の女性たち三人が、水文字を書いている人たちのそばで足を止め、その達筆に感心したように何か話しかけている。中の一人がリクエストしたのだろう。一人のお年寄りが、筆に水を浸しておもむろに何かを書き始めた。仲間のお年寄りがそれを朗々と吟じる。どうやら漢詩の一節らしい。書き終え、吟じる声が止むと、通行人からも大きな拍手が起こる。彼らの一人が、私に声をかけてきた。「何かリクエストしてもいいよ」と言っているようだったが、中国語がわからないので戸惑っていると、外国人だと気づいたのだろう。「桂林山水甲天下」（桂林の山水は天下一）と書いてくれた。「その通りだ」とうなずく人たち。一期一会のいい時間が過ぎていく。

　太極拳や踊りのグループには、時に高齢者と呼ぶにはまだ早い年代の人たちも加わって、全身をゆっくり動かしながら太極拳や踊りを楽しんでいる。毎日の固定メンバーが数人いるものの、それ以外は飛び入りのようだ。散歩の途中に気づいて参加した人、買い物かごを脇に置いてひとしきり踊った後、満足げに輪を離れる老婦人。車椅子に坐ったまま腕だけを動かすお年寄りもいて、休憩時間におしゃべりに興じる姿もよく見かける。

「龍」という文字を書き終えると、筆をもう一度水に浸し、柄を2、3度軽く打つ。龍の尾が水しぶきを上げているようだ

桂林の市街地をほぼ南北に貫く漓江《りこう》。陽が傾き始めると、川沿いに点在する公園には、楽器を手にしたお年寄りが集まってくる。楽器は琵琶や二胡、中胡のような弦楽器が多いが、日本の雅楽奏者が吹く笛のような管楽器を持っている人もいる。五、六人が集まって軽くチューニングを済ませると、あちらこちらでライブ演奏が始まる。楽器演奏だけのバンドもあれば、ボーカルがいるバンドもある。一曲終えると、メンバー同士で何やら言葉を交わした後、新しい曲が始まる。公園のベンチで麻雀を楽しんでいる人たちや通行人が集まってくると、演奏にも熱がはいる。一曲はかなり長いが、観客はじっと聞き入り、演奏が終わると、奏者も観客も満

楽しそうにチューニングする人たち

太極拳を楽しむ人たち

足げにホッとため息をつく。

漓江には、中心部と周辺地域とをつなぐ大きな橋が何本か架けられている。どの橋も終日多くの車とバイクが行き交い、大きな荷物を積んだ自転車さえ全速力で駆け抜ける慌ただしさだ。この活気あふれる橋のたもと、歩行者用通路の起終点には広場のようなスペースが設けられている。歩道の延長のような、何の変哲もない場所だが、午後四時ごろから様子が一変する。屋外ダンスホールに変わるのである。ダンスホールといっても、アルコールが提供されるわけでも、アップテンポの曲がかかっているわけでもない。高齢者中心の年配者のペアが何組も、大きなラジカセから流れるゆったりしたテンポの曲に合わせて踊っているのである。曲は中国楽器らしき独特の音色が奏でるスローテンポのものばかり。通りかかった高齢の夫婦連れらしき人たちが加わったり、足を止めて見物していた高齢者に知り合いらしき人が声をかけ、一緒に踊り始めたりする。何曲か踊ると音楽が鳴り止む。するとラジカセの持ち主と思しき人がテープを巻き戻したり交換したりするので、その間はブレイクタイム。それぞれ汗を拭い、お茶で喉を潤し、まわりの人たちと楽しげに言葉を交わしている。そして再びラジカセが独特の調べを奏で始めると、それに合わせて体を動かし始め、屋外ダンスホールは陽が沈む頃まで続くのである。

桂林で旅行代理店に勤務する黄さんは、夫と中学生の娘の三人家族。近くに住む両親に娘を預けて、ずっと働いてきた。彼女に公園や歩道わきの広場で集まって楽しそうに過ごす高齢者について聞いてみた。自治体や老人会などの主催によるものだと思っていたのだが、意外な答えが返ってきた。いずれも自発的な集まりで、お年寄りは、いつどこでどのような集まりが行われているかを知っており、気が向けばそこに出向き、参加したり見物したりするというのである。どの集まりにも主導的役割を果たす人はいるが、それとて主催者ではなく、先に来た人がその役を担ったり集まった人たち同士で決めたりするという。夕方の「演奏会」にしても、得意の楽器を持って行けば、互いに声をかけ合ってにわかバンドが結成される。気の合った者同士が時間を決めて集まることもあり、演奏を

漓江の橋のたもとでダンスを楽しむ人たち

楽しみに公園を訪れる人もいるという。

高齢者の自発的なサークル活動の背景にあるのが、最近中国国内で社会問題になっている医療費の高騰である。「看病難、看病貴（治療がなかなか受けられず、受けられても医療費が高い）」と言われる中国の医療体制は、特に年齢とともに体力の衰えを自覚している高齢者に大きな不安を抱かせる。かといってスポーツジムに行こうにも費用が高すぎる。箒のように大きくて長い筆を使って全身で文字を書き、太極拳や踊りで体を動かす高齢者たちは、少しでも健康を維持し、健康寿命を延ばしたいと考えているのである。

この目的に照らすと、彼らの活動のあり方は理にかなっている。毎回の参加が求められているわけではなく、自分の体調と気分に合わせることができるので心身の負担が少ない。また参加メンバーが必ずしも固定しているわけではないので、人間関係のわずらわしさが少ない。自由度が高く、柔軟に参加できる集まりだからこそ、体調と気分が安定しにくい高齢者には、負担なく参加できるのである。

薬局にはカウンターの奥に生薬が入ったひき出しがあり、症状に合わせて調合してくれる

またこのような活動は、地元の高齢者だけでなく、子ども家族と同居するために引っ越してきたお年寄りにとっても大切な場である。黄さ

んは、

「農村地域に住む人たちは、農村戸籍が義務付けられています。農村では高齢化が急速に進んだので、社会保障制度の整備が追いついていません。だから農村戸籍を持つお年寄りは、じゅうぶんな年金を受け取れないし、満足な医療も受けられない状態なのです。そこで、都市戸籍を持っている子どもたちが、高齢の親を呼び寄せるケースが増えています」

アパートの一階の小さな集会所。
いつも高齢者が麻雀を楽しんだり談笑したりしている

「ずっとここに住んでいる人も農村から出てきた人も、孫が小さいうちは共働きの両親に代わって孫の面倒を見るから結構忙しいけれど、孫が中学生になると一気に手が空いてしまうんです。だから、街のあちこちで行われている活動は、そんなお年寄りには欠かせないものですが、特に農村から出てきた人にとっては、友だちを作るいい機会なのです」

と話す。

雨の日には、近くに住む人たち同士で集まって、アパートの一階に設けられている小さな集会所や家の軒先で麻雀を楽しんだり、軒先に出したテーブルでお茶を飲みながら、おしゃべりと情報交換に勤しんだりする。公園や広場で顔見知りになった人がやって来ることも多く、公園や広場に端を発したつながりが小さなコミュニティーをいくつも生み、そこに生きる人たちの生活を彩り、安心感をもたらしてくれるのである。

黄さんによると、このようにしてできたコミュニティーから自然に「互助（助け合い）」が生まれるという。集まりに顔を出さない人がいれば、家に出向いて「元気かね」と声をかけ、頼まれれば買い物を引き受けたり、ちょっとした用事を請け負ったりする。また困りごとがあれば相談に乗るし、解決に必要であれば友人や知人を紹介することもある。中国都市部では、介護が必要になった高齢者は、通称「保姆」と呼ばれる家政服務員を雇って介護と家事全般を委託することが多いが、まだその状態ではないお年寄りや一時的に体調を崩したお年寄りは「互助精神」で助け合うのである。それは支えられる側の役に立つだけでなく、支える側の生きがいにもなっているという。

## 新たなコミュニティーのあり方

### アメリカの高齢者向けリタイアメント・コミュニティー、「フォーラム（The Forum）」の事例

「仕事をリタイアしたら、リタイアメント・コミュニティーに引っ越そうと思っている。人生の舵を切り替えるためにね」

こう話すアメリカ人は少なくない。

アメリカのリタイアメント・コミュニティーは、高齢者を対象にした施設である。一九六〇年代以降に多く作られたシニアタウンを、こう呼ぶこともあるが、一般的にシニアタウンとは、高齢者向けの戸建て住宅が多く立ち並ぶ「街」を指す。居住者の利便性を高めるために、銀行や病院、行政機関の出張所、娯楽施設などが併設されているので、日常生活のたいていはタウン内で事足りる。一方、「リタイアメント・コミュニティー」は、健康状態に合わせたサポートやケアが受けられる施設が同じ敷地の中にあるのが特徴で、高齢者は元気な時から終末期まで安心して過ごすことができる。

「高齢者は同じ年齢であっても、人によって健康状態も老化の程度もさまざまなので、『高齢者』という枠でくくって一律に対応すべきではない」という考えに基づいて、リタイアメント・コミュニティーには、何の支援も必要ない人が対象のインディペンデント・リビング（自立棟・Independent Living）、支援が必要な人向けのアシスティッド・リビング（要支援棟・Assisted Living）、医療ケアが必要な人を対象にしたナーシングホーム（介護棟・Nursing Home）そして終末期の高齢者対象のホスピス（Hospice）が設けられている。次の段階への移行を本人が申し出ることもあるが、家族やスタッフが判断する場合もある。そのような時も、必ず本人の同意が必要となる。

オハイオ州の州都、コロンバス市にある「フォーラム（The Forum）」も、リタイアメント・

「フォーラム」の外観

コミュニティーのひとつである。「フォーラム」は、市の中心部から車で二〇分足らずの閑静な住宅街の一角にあり、周囲に植えられたマロニエやプラタナスが、夏には豊かな緑を湛えて木陰をつくり、秋になると美しい紅葉が私たちの目を楽しませてくれる。また、よく手入れされた芝生の若々しい萌黄色が、夏は草いきれも芳しく、そこに佇む人の心を和ませる。

「庭もきれいでしょう。ガーデニングが好きな方が手入れしてくれるのよ。一階を選んで、部屋の前の庭を季節の花でいっぱいにする人もいるわ」

案内をしてくれたシェリーが言う。空軍のパイロットとして勤務していた彼女は、出産を機に退職し、ここに再就職した。

「確かに軍の仕事とはずいぶん違うわね。でもとてもやりがいがあるわ。人と関わる仕事はとてもおもしろいし、お年寄りから教わることも多いから」

「フォーラム」には一四三室の自立棟（インディペンデント・リビング）、八八室の要支援棟（アシスティッド・リビング）、六〇室の介護棟（ナーシング・ホーム）、ホスピスのほか、二五室の認知症対応の介護棟（Memory & Alzheimer's Care）があり、それぞれの棟には、専門的なトレーニングを受けたスタッフが配置されている。複数の棟を担当するスタッフも多く、これは、心身の衰えによって居住棟を移った高齢者に大きな安心感をもたらす。

「私たちだってそうでしょう。具合が悪くなって、いきなり知らない所で知らない顔に囲まれたら困惑するわ。お年寄りはもっとつらいはずよ」

とシェリー。このような高齢者への配慮は随所に行き届いており、自立棟での生活が難しくなってきたものの要支援棟に移るにはまだ早いという人や、支援が必要な段階だが要支援棟への移動を拒否している人への移行的なケアシステムも用意されている。

また、死を目前にした入居者、そして配偶者や友人を亡くした入居者とその家族を対象にしたグリーフケアも行われている。アメリカでは所属する教会の司祭がグリーフケ

入居者の一人ラウシュ氏が丹精する庭

「食事とメニューに関する委員会」の定例会

アを行うことが一般的だったが、最近は、心理の専門家の門をたたく人が増えている。「フォーラム」でもグリーフケアは宗教色を排したものになっており、宗教に拠りどころを求める人は、「フォーラム」内に設けられている礼拝プログラムを利用している。

他のリタイアメント・コミュニティー同様、「フォーラム」でも要支援棟（アシスティッド・リブング）、介護棟（ナーシング・ホーム）、ホスピス、そして認知症ケア棟は、国や州の基準に沿った医療ケアが中心なのでここでは割愛し、自立棟に的を絞ってみていくことにする。

自立棟は五十五歳以上を対象にしているが、新規入居者のほとんどが七十歳前後かそれ以上である。食堂で食事が提供され、健康増進や娯楽を目的にしたプログラムが日替わりで複数行われているのは日本の多くの老人ホームと変わらないが、各部屋にキッチンがついているので、料理を楽しむことができるし、ペットと暮らすこともできる。また定期的に仕事に出たり、自室でピアノ教室を開いたりする入居者もいるという。つまりそれまでの生活を大きく変えることなく暮らすことができるのである。

特筆すべきは入居者主導の委員会があり、入居者の「タウンミーティング」が毎月開かれている点である。委員会は、中央執行委員会（一一名）、余暇プログラム委員会（八名）、新規入居者歓迎委員会（六名）の四つ。中央執行委員会のみ任期が三年だが、他の三委員会は一年である。委員は立候補に基づく選挙で選ばれるが、「定員に達していたら立候補を見合わせる」人がほとんどなので、平穏裡に委員が決まる。

フォーラム・シンガーズ（Forum Singers）でピアノを担当する入居者の女性

中央執行委員会では、「フォーラム」の新規スタッフの採用も含め、運営のあり方全般が話し合われる。余暇プログラム委員会は、スタッフや入居者、地域の有償無償のボランティアから出された講座開催の計画書をもとに、その是非と形態を話し合う。中国系のスタッフが開催する太極拳クラス、入居者で元オハイオ州立大学教授による「マリファナの合法化問題からパレスチナ問題まで・国内外の社会問題を考える」プログラム、やはり入居者で現役のピアノ講師が主催するコーラスグループ、ポーカーやブリッジなどが好きな入居者によるカードゲームの時間、地元の花屋が開くフラワーアレンジメントクラス等々実にさまざまなプログラムがある。

また「知性への挑戦」をキャッチフレーズにするプログラムも興味深い。毎週火曜日の午前に行われている「コーヒーを飲みながらおしゃべりしよう（Coffee & Conversation）」は、ひとつのテーマについてディスカッションをする、いうなれば哲学カフェである。タイムリーな話題を扱うことが多く、一月第一週のテーマは「プレゼント」。なぜ私たちはプレゼントをするのか、プレゼントはあげるのともらうのとではどちらが楽しいか、プレゼントと商業主義などについて活発な話し合いが行われ、「クリスマス後にぴったりのテーマだ」と参加者の評判は上々だった。議論好きのアメリカ人ならではの企画である。

毎月開かれる「タウンミーティング」は、各委員会が入居者の意見と要望を聞く場である。それをもとにして各委員会は活動を見直したり、新たな企画を立てたりするほか、「フォーラム」の運営側に必要なことを要求し、改善すべき点を伝える。そして互いが緊密に連絡を取り合いながら、入居者にとっては生活の場が、運営側にとっては職場が、それぞれより良いコミュニティーになるための努力を重ねていくのである。

このようなつながりは互いの絆を深める。入居者と運営側という縦の絆を強めるだけでなく、入居者同士の横の絆をも深めるのである。自室のキッチンで作った料理をおすそ分けし、体調が芳しくない友人を案じ、見舞い、話を聞くことでつらい思いを受け止めたり感情を共有したりする。また、要支援棟に移った友人を訪ねて話し相手になり、コーラスグループは、介護棟やホスピスで定期的に歌声を披露する。楽器の演奏に長けた人たちがミニコンサートを開くこともある。

「それぞれ趣味も性格も違うし、生きてきた道も違うけれど、私たちは大きなファミリーよ。一緒に喜んだり悲しんだり、慰め合ったり。だから安心して暮らせるのよ」

とある入居者は語っている。別の入居者は、

「ここに来る前は、マンションの自分の部屋にずっとひとりでいたから、たまに買い物に出かけても気後れするばかりだったわ。まわりの人たちが生き生きと活動しているのに、自分だけがみじめな年寄りだという気がしてね。でもここはみんな同じような歳の人たちばかり。皆、自分のために、そして誰かのために生き生きと活動しているのよ。私もまだ何かできる、何かしなくちゃと思ったわ」

と言う。歳とともに生活面のサポートは必要になるが、ただサポートを受けるだけでなく、自ら進んで活動できる場があれば、それは大きな生きがいになる。さらにその活動が誰かの役に立っていると実感できるものであれば、高齢者の自己肯定感を高め、ひいては生きる意欲を高めるのだろう。

「ここでは私たちスタッフは黒子。古き良きアメリカのような暮らしを体現するためのね」

とシェリーは言う。

「『素晴らしきかな、人生』という映画を知っているかしら。一九四六年に公開された映画で、アメリカのクリスマス映画の定番なの。主人公のジョージは、困っている人に手を差し伸べずにはいられない性格。不運続きの人生に嫌気がさして自暴自棄になるのだけれど、彼のために祈る街の人たち、家族、そしてジョージの守護天使クラレンスのおかげで、生きることのすばらしさを実感するというストーリーなの。ラストシーンは何度観ても幸福感でいっぱいになるわ。天使のクラレンスがジョージに『友ある者は決して失敗しない』というメッセージを送るのだけれど、友だちの大切さ、助け合うことのすばらしさをこの映画は教えてくれるの。それが古き良きアメリカの精神なのよ」

アーミッシュだけでなく、ヨーロッパから海を渡ってアメリカに移住した人たちは、困っている人がいれば、手を差し伸べ、助け合い、そして神の加護を祈った。それが互いの絆を強めただけでなく、まわりにも幸福感をもたらしたのである。

「コミュニティーがしっかりしていれば、みんなが居心地よく暮らせる。みんなが居心地よく暮らせれば、やさしさも温かい絆も生まれるのよ。食事の支度や掃除、買い物の代行などの日常生活のサポートは誰にでもできるわ。もしかしたら、機械がやってくれる時代が来るかもしれない。でも一番大切な人と人とのつながりを創り上げるのは、人間にしかできないことだと思うの。私たち黒子の役割は、このコミュニティーをきちんと維持し、生活上、必要なことをサポートして、ここで暮らす人たちがたくさんの「友ある者」になるためのお手伝いをすることだと思っているわ」

## 高齢者が暮らしやすいコミュニティー　アーミッシュとの共通点

少子化と都市化が進み、アーミッシュの社会に見られるような家族と地域による助け合いが衰退しつつある今、高齢者の暮らしやすさを実現するのは、桂林市の高齢者コミュニティーやアメリカの高齢者向けリタイアメント・コミュニティーのような新たなコミュニティーの存在であろう。前者は自然発生的なものであり、後者は既存のものだが、成り立ちに関係なく、この新たなコミュニティーとアーミッシュのコミュニティーにはいくつかの共通点があると考えられる。

まず挙げられるのは、構成メンバーが自発的に参加しているという点である。一章で述べたように、アーミッシュは八年生のアーミッシュスクールを終えると、「ラムシュプリンゲ」の時期に入り、一般のアメリカ人の若者と同じような暮らしを経験した後、自ら望んで洗礼を受けてアーミッシュになる。押しつけられて、あるいは「なんとなく」洗礼を受けるのではなく、一般社会に残るという選択肢を自ら摘み取り、自発的に洗礼を受けるからこそアーミッシュとしてよりよく生きようとするし、自分が所属するアーミッシュのコミュニティーをよりよいものにしようと努力する。それが帰属意識を強め、「結」の心を芽生えさせるのである。

桂林市の高齢者コミュニティーと「フォーラム」も、高齢者は自発的に参加している。「趣味を通して友人を作りたい」「健康寿命を延ばしたい」「孤独な老後を送りたくない」など理由はさまざまだが、自ら望んで参加することが活動意欲を向上させ、活動の質を上げる。それは、自主的に運営されている組織であっても運営者が管理している組織であっても同様で、重要なのは参加する人の意思なのである。

日本では、自治体やＮＰＯなどの組織が「高齢者の居場所作り」あるいは「高齢者の孤立を防ぐ」という目的で活動の場を設けて、特にひとり暮らしの高齢者に参加を促すことがある。「断る理由がないから」という後ろ向きの動機で参加しても、それは単に時間と場所を共有しているにすぎない。

多くの老人ホームで毎日のように行われている行事も同様で、施設側がお膳立てし、スタッフの声がけに応じて集まった入居者が担当スタッフの指示通りに活動しても、まったく興味のないことであれば、負担が大きいばかりか、積極的に取り組む人たちとの乖離を感じて、かえって孤立を深めることになりかねない。たとえば、長年土に親しみ、農作業や庭仕事に喜びを見出してきた高齢者が、言われるままに書道や俳句作りの行事に参加しても戸惑うばかりなのである。年齢を重ねるにつれ、好奇心が薄れ、新しいことへの許容範囲が狭まるのはやむを得ない。だからその人の歴史をふまえ、適性を生かした活動が求められるが、たとえ介護のレベルによってフロアが分かれていても、さまざまな状態の高齢者が一つ屋根の下で暮らす形態であれば、それは望むべくもない。しかし、はじめはしぶしぶ参加していても、そこに何らかの楽しみを見つけ、自発的に参加する意思が生まれればいいのだが、それには時間がかかる。

次に共通している点は、受動的活動と能動的活動のバランスが取れている点である。ここでいう能動的活動とは、自ら進んで行い、しかも人に何らかのよい影響をもたらす活動、つまり「誰かのために行う」行動を指す。年齢とともに心身が衰えても、たとえ体が不自由になっても、人は可能な限り自分のことは自分で行い、自立した生き方をしたいと願い、そして、誰かの役に立ちたいと思っている。自分の心身の衰えを自覚しているからこそ、誰かの役に立つことで承認欲求を満たし、無意識に自らの存在意義を確認しているのかもしれないし、過去の助け合いの記憶が、半ば本能のように人を駆り立てるのかもしれない。

アーミッシュは、電気を使わず助け合いながら日常生活を成り立たせている大人たちの中で、幼いころから助け合いの大切さを自然に学んでいった。そして誰かのために行動することが、ただ相手の役にたつだけでなく、相手にも自分にも幸福感とやさしさをもたらすことを身をもって感じてきた。だからこそ、彼らは周囲からの温かい申し出を喜んで受け入れる。「自分でできるから」と拒絶したり遠慮したりせず、感謝して受け入れることが、互いを幸せにすることをよく知っているのである。

桂林市の高齢者たちは、時には人手を借りて体力の衰えによる不自由を補いながら、日常生活を送っている。しかし彼らは、受け身に甘んじているわけではない。自発的にそして積極的に楽しみ、できる範囲で互いに助け合い、精神的に支え合いながら暮らしている。また「フォーラム」の入居者は、食事の支度や掃除など日常生活のサポートを施設に委託しているが、自分が属するコミュニティーの運営に携わることで、あるいは内外のボランティア活動を通して、能動的に活動している。もちろん介護のレベルが上がればその限りではないが、状態と状況に応じた能動的活動は、高齢者の自己肯定感を上げ、生きる意欲を後押しする。更に、手伝ったり手伝ってもらったりするなかで、あるいは「誰かの役に立っている」と自覚しながら活動するなかで生まれる人と人とのつながりが、ともすれば孤独を感じがちな高齢者の心を温めるのである。

さらにコミュニティー自体のあり方にも共通点がある。社会学者の広井良典氏は、コミュニティーのあり方を農村型コミュニティーと都市型コミュニティーのふたつに分類している。前者は母子関係をイメージするもので、構成メンバーの一体感と情緒的要素を重んじ、非言語性が強い。つまり全人格的に関わり合い、あえて言葉にしなくても、お互いにわかり合える者同士のコミュニティーである。一方後者は、父子関係に見られるように、基本的な理念の共有とルールの遵守を前提とし、言語性が強い。いうなれば、同じ目的を持つことを前提とし、メンバーである以上、そのルールに従うことが強く求められるコミュニティーである。広井氏は、このふたつのコミュニティーの形態は互いに補い合いあっており、「最終的には、その両者（のバランス）が重要である」と結論づけている。

アーミッシュのコミュニティーは、広井氏の言説を裏づけるものである。アーミッシュのコミュニティーは、キリスト教の価値観を共有し、それに基づく一体感と共感で成り立っているが、アーミッシュの規律であるオルドヌングを違反した者に対して、シャニング（社会的忌避）を行ってメンバーとの付き合いを厳しく制限し、それでも行動を改めなければ破門に踏み切るという厳格さも併せ持つ。つまり農村型コミュニティーと都市型コミュニティー、両方の要素がバランスよく備わっているのである。

一方、桂林市の高齢者コミュニティーとアメリカの高齢者リタイアメント・コミュニティーは、同じような目的を持つ人たちの集まりであり、そこでは厳格な規律性が求められているわけではないが、コミュニティーのルールとメンバーの暗黙の了解は遵守しなくてはならない。また日常的なつながりを通して、互いに共感し合い理解を深めるので、それが情緒的な一体感を生むことになる。このように都市型コミュニティー的要素と農村型コミュニティー的要素を併せもっているので、それぞれが安定している。その安定から「結」の心が生まれ、できる範囲での「結」が行われるのである。

確かにアーミッシュの家族コミュニティーや地域コミュニティーのように、世代的な継承性をもつコミュニティーは、高齢者に安心感と暮らしやすさをもたらす。しかしそれが望めなくても、高齢者が共通の内発的な動機に駆り立てられて集うコミュニティーは、それに代わるものになり得る。各々が歩んできた道や考え方が違っても、誰もが初めて経験する自分の老いに戸惑い、不安を感じ、そして老いがもたらす孤独を実感している。このような意識を共有することで、「自分だけではない」「ひとりではない」という安心感が生まれ、助け合う気持ちが自然に芽生えるのである。

老いの暮らしに必要なものは、必ずしも血のつながった家族ではないし、老いの居場所は必ずしも長く住み続けた地域ではない。「高齢者」という枠でくくられることなく自分らしく過ごすことができ、老いに対する意識を共有できる人たちが集う場所、それが老いを生きるうえで必要なのではないだろうか。

# あとがき

アメリカで暮らしていた時、アーミッシュの人々とその生活に心惹かれたことをきっかけに調べ始め、日本に帰国後も何度も現地に出向いて、興味と関心の赴くままに話を聞いたり調べたりしながら三〇年が経ちました。その間、折節に向き合っていた自らへの問いや課題に応えるつもりで、三冊の本を上梓してきました。

そして近年。齢を重ねるにつれて、さまざまな老いのかたちに向き合うことが多くなりました。経済的に恵まれていながら、ふとしたきっかけで思い描いていた老いの姿を見失い、失意の中で老境を迎えた人、また、自律を信条とし、自尊心を持って老境に入ったものの、図らずも晩節を汚してしまった人。周囲に頼らざるを得ない老いの日々に、深い絶望感と大きな負い目を感じている人。一方、病を抱え、経済的にさほどゆとりがなくても、こころ安らかに老いの道をたどっている人もいます。この違いはどこにあるのだろうと思ったのが、本書のきっかけです。

かつては驚きと羨望の対象であった百寿の方々が、珍しくない時代になりました。総務省の発表によると、二〇二〇年、七十五歳以上の後期高齢者が全人口の32％を占め、後期高齢者のうち卆寿以上のお年寄りが約８％にのぼっています。このような状況を反映して、老後資金の確保を謳った金融商品や、若返りをキャッチフレーズにしたさまざまなサプリメントと健康食品の広告が、あちこちに躍っています。自らの老いを自覚し始めた人たちが、少しでも多く資金を蓄え、少しでも若くありたいと考えるのはごく自然なことでしょう。それは、自分自身のためというだけでなく、家族を含めた周囲に迷惑をかけたくないという意識の表れでもあると思います。

このように外濠を埋め、老いを迎え撃つ姿勢も大切ですが、アーミッシュのお年寄りと話をし、彼らの暮らしを垣間見るなかで、自らの老いと対峙し、ありのままの自分を受け入れることも必要なのだと実感しました。彼らはあまねく、「老いと死は何ら特別なものではなく、生の延長に過ぎない」と捉え、死に至る道程がどのようなものであっても、また、死への速度の緩急にかかわらず、私たちにできることは、それに抗うことなく、ただ粛々と日々を歩むことだけだと考え、実践しています。

また、自らの、そして近しい人たちの老いに直面した時、「主は与え、主は奪う」という聖書の一節が浮かぶと言います。「ひと」という形と機能を与えられてこの世に送り出された人間は、周囲の助けを得て成長していきます。病を得たり歳を重ねたりするなかで、その機能が一つひとつ奪われていくけれど、それは与えられたものを主に返しているだけなのだと考えているのです。したがって、赤ん坊がまわりの人たちの支えを必要とするように、お年寄りもまわりの支えが必要なのは当然のことだと受け止めています。そして子どもの成長や個性に合わせるように、お年寄り一人ひとりの状態とその人が生きてきた道に沿った支え方をすることで、その人らしい晩節が全うできると考えています。

確かに「ひと」も自然の一部ですから、年数を経ると、当然のことながらあちこちに不具合が生じます。虚心にそれを受け入れる必要がありますが、そのうえで、老いてなお自分らしく生きるにはどうすればよいのだろうと思うようになりました。

出生率が高く、同居あるいは近居の家族や親戚との結びつきが強いアーミッシュのコミュニティー。その対極にある日本の都市部では、少子化と核家族化の進展が著しいなかで、高齢者の多くが、多かれ少なかれ孤独と不安に苛まれながら暮らしています。たとえ本人が望み、家族が応えたくても、身内に恃《たの》む老いの日々は、どちらにとっても穏やかならざるものでしょう。このような状況の中で、自分らしく老い、そして自分らしい最期を迎えるにはどうすればよいのだろう。これは、私が自分に課した宿題だと思っています。その答えを求めながら、私も老いの道をたどっていくのだろうと思います。もちろん強い信仰心に裏づけられたアーミッシュの生き方や考え方をそのまま受け容れようとは思いませんし、また受け容れることはできないでしょう。しかし私たち自身の老いと余生を考える時、なんらかの参考になるのではないかと思っています。

特に私がいま思っていることは、老いることを恥じたり、老いることにひけめを感じたりすべきではないということです。「少子高齢化」の問題点が取りざたされる昨今、特に日本の高齢者には、高齢者であることに後ろめたさを感じている人が多いように感じます。少子高齢化の最大の問題点は、出生率の低下によって生産年齢人口が減少し、その結果、社会保障費をまかなうための税負担が増えるということです。高齢化の進展、つまり高齢者が増えるということは、その国の生活水準と医療レベルの高さを裏づけるものなので、むしろ喜ばしいことだと思います。したがって、「少子高齢化」ということばでひとくくりにすると問題点があいまいになるだけでなく、高齢者の負い目につながりかねません。もちろん長く生きて多くを経験してきたからと、傲慢になったり尊大な態度をとったりすることは、厳に慎まなくてはいけませんが、その時どきを懸命に生きた来し方に依って、堂々と老いの日々を過ごす必要があるのでしょう。

身近な人たちの老いをきっかけにして、自分に「宿題」を課してから五年以上が経ちました。その間、アーミッシュを含めて海外のいくつかの国々で、また日本でも複数の地域でお年寄りの話を伺う機会に恵まれ、さまざまな老いのかたちにも触れましたが、いざまとめようとしたところ、積荷と燃料を載せ過ぎた小型機よろしく失速しそうになりました。そのようななか、未知谷の飯島様から折々にいただいた至当なアドバイスが、大きな指針になりました。同じく未知谷の伊藤様には、写真のレイアウトその他で、大変お世話になりました。この場をお借りして、厚くお礼を申し上げます。

またアーミッシュへの取材等に全面的に協力してくれた夫、堤敦司ほか家族にも、心からの感謝を伝えたいと思います。

堤純子

二〇二〇年十二月

つつみ じゅんこ

1957年生まれ。学習院大学文学部英米文学科卒業後、15年以上翻訳の仕事に携わる。その後現在まで、小学校英語講師、小論文添削指導、及び塾講師として、小中高校生の学習指導にあたっている。著書に『アーミッシュ』『アーミッシュホームにようこそ』『アーミッシュ料理』（未知谷）がある。

アーミッシュの老《お》いと終焉《しゅうえん》

2021年 1 月 15 日初版発行
2021年 6 月 15 日 3 刷発行

著者　堤純子
発行者　飯島徹
発行所　未知谷
東京都千代田区神田猿楽町 2 丁目 5-9　〒 101-0064
Tel. 03-5281-3751 / Fax. 03-5281-3752
［振替］ 00130-4-653627

組版　柏木薫
印刷所　ディグ
製本所　牧製本

Publisher Michitani Co, Ltd., Tokyo
Printed in Japan
ISBN 978-4-89642-630-4　C0039